Pronti per scrivere

Italienischer Wortschatz zur Textarbeit

Valentina Vincis

Ernst Klett Sprachen GmbH
Stuttgart

1. Auflage 1 ⁹ ⁸ ⁷ ⁶ ⁵ | 2021 20 19 18 17

Internetadresse: www.klett-sprachen.de

Konzeption: Christoph Wurm
Für die italienische Ausgabe: Valentina Vincis

Redaktion: Elena Bergmann
Gestaltung und Satz: Satzkasten, Stuttgart
Umschlaggestaltung: Sandra Vrabec
Druck und Bindung: Medienhaus Plump GmbH, Rheinbreitbach
Printed in Germany

ISBN 978-3-12-519563-9

Lernen mit *Pronti per scrivere*

Wer?

Dieser Lernwortschatz ist für Italienischlernende mit geringen Vorkenntnissen konzipiert. Er vermittelt die Grundlagen für die **Textanalyse** und erleichtert den Einstieg in die eigene **Textproduktion**.

Pronti per scrivere ermöglicht Ihnen, Ihren Wortschatz im Bereich Textarbeit systematisch und themenbezogen zu festigen und zu erweitern. Er eignet sich zum Einsatz im Unterricht ebenso wie zum gezielten Selbststudium, zum Beispiel zur Vorbereitung von Klausuren, Präsentationen oder mündlichen Prüfungen.

Pronti per scrivere richtet sich vor allem an Schülerinnen und Schüler der Oberstufe, aber auch an Italianistikstudierende der ersten Semester.

Was?

Pronti per scrivere enthält – nach zentralen **Kompetenzen** geordnet – die wichtigsten ca. 1500 Vokabeln, Ausdrücke und Wendungen, die beim Sprechen oder Schreiben über Texte benötigt werden. Es umfasst vor allem den nötigen Wortschatz für die Analyse von literarischen Texten, zur Benennung der Autorenintention, zur Bildbeschreibung sowie zur eigenen Textproduktion (etwa von Inhaltsangaben, argumentativen Texten, verschiedenen Arten von Briefen).

Die Gliederung erlaubt zielgerichtetes Lernen in übersichtlichen, in sich abgeschlossenen Einheiten.

Die Aufteilung ermöglicht die Festlegung einer individuellen, lehrplanbedingten oder themenabhängigen Reihenfolge, denn mehrfach benötigte Ausdrücke werden in jedem Kapitel wiederholt; nur innerhalb eines Kapitels werden sie in der Regel nach dem ersten Auftauchen als bekannt vorausgesetzt.

Wie?

Jede Seite ist zweigeteilt: In der linken, breiteren Spalte werden die zu lernenden Vokabeln und Redewendungen im Satzzusammenhang präsentiert, der italienische Lernwortschatz ist dabei fett gedruckt. Rechts finden sich die deutschen Übersetzungen dieser Vokabeln.

Ein deutsch-italienisches und ein italienisch-deutsches Register ermöglichen das rasche Auffinden von Vokabeln. Sie bieten zusätzliche grammatikalische Informationen, die aus dem Satzzusammenhang des Textteils nicht immer hervorgehen, zum Beispiel das Genus der Substantive durch die Beigabe des Artikels oder die femininen Formen der Adjektive.

Inhaltsverzeichnis

1 | Raccontare qualcosa

1.1 Introduzione: situare una narrazione nel tempo

Un giorno **Ieri** **Ieri sera** **Ieri l'altro / L'altro ieri** **L'altro giorno** **Tre giorni fa** **Poco (tempo) fa** **Il 3 (di) maggio**	ho avuto un problema.	eines Tages gestern gestern Abend / Nacht vorgestern vor einigen Tagen vor drei Tagen vor Kurzem am 3. Mai
Di **mattina** **Di** **pomeriggio** **Di** **sera**	ho parlato con Marta.	morgens nachmittags abends, nachts
All'inizio di **A metà** **Alla fine di**	giugno sono andata in vacanza a Rimini.	Anfang Mitte Ende
In quel periodo **A quei tempi** **Allora** **Nel 1996**	vivevo ancora con i miei genitori.	zur damaligen Zeit zu jener Zeit damals 1996, im Jahr 1996
A volte **Talvolta** **Molte volte** **Spesso** **Generalmente** **Di solito** **Ogni lunedì** **Ogni tanto**	mi alzo alle sei e mezzo.	manchmal von Zeit zu Zeit oft, häufig oft, häufig normalerweise gewöhnlich montags ab und zu
Tutti i giorni **Ogni giorno** **Tutti gli anni** **Ogni anno** **Tutte le settimane** **Ogni settimana**	vado a Milano.	jeden Tag jeden Tag jedes Jahr jedes Jahr jede Woche jede Woche

1.2 Strutturare una narrazione

Prima	sono andata in bicicletta fino alla stazione.	zuerst
Poi **Dopo**	ho preso il treno per Milano.	dann, danach dann, danach
Solo allora **In quel momento**	mi sono accorta che non avevo le chiavi.	erst dann da, in jenem Moment
Prima della partita **Dopo** la partita	siamo andati a bere una birra.	vor (zeitlich) nach (zeitlich)
Prima di uscire **Dopo** essere uscita	ho avvisato Marco.	bevor nachdem
Luisa mi ha chiamato	**prima che** potessi avvisare Marco. **dopo che** avevo (già) avvisato Marco.	bevor nachdem

> Nach **prima che** wird immer der **congiuntivo** verlangt.

Cinque minuti **prima** avevo visto Luisa per la strada.		zuvor
Qualche giorno	**dopo** **più tardi** vidi di nuovo Luisa per la strada.	später später
Mentre parlava, Luisa si agitava molto.		während
Improvvisamente, **All'improvviso,**	iniziò a piovere.	plötzlich plötzlich
Immediatamente **Subito**	entrammo in un bar.	sofort sofort
Rimanemmo nel bar	**fino** alle cinque. **finché** continuò a piovere. **fino a quando** chiusero.	bis solange bis (dass)
Poco a poco **Allo stesso tempo** **Nello stesso tempo**	smise di piovere. uscì il sole.	nach und nach, allmählich zur selben Zeit, gleichzeitig zur selben Zeit, gleichzeitig
Appena **Non appena**	tornai a casa, mi feci una doccia.	sobald sobald
Intanto **Nel frattempo**	Andrea era già arrivato. arrivò Andrea.	währenddessen inzwischen, unterdessen

1.3 Concludere una narrazione

Alla fine **Infine**	riuscimmo a risolvere il problema.	schließlich schließlich
Finalmente	ce ne andammo a casa.	endlich
Alla fine **Al termine**	della riunione arrivammo a un accordo. dello spettacolo tornammo a casa insieme.	am Ende am Ende

2 Esprimere opinioni

2.1 Chiedere un'opinione

Qual è	il Suo **parere**	su	questo tema?	Meinung
	la Sua **opinione**		questo argomento?	Meinung
	il Suo **punto di vista**		questa questione?	Gesichtspunkt

Che **ne** pensa? — darüber

E voi, **come la pensate**? — was meint ihr dazu?
Che ve ne pare? — was haltet ihr davon?

Mi interessa sapere **(che) cosa ne pensa**. — was Sie darüber denken

Condivide queste idee? — teilen Sie

È d'accordo con l'autore del testo? — Sind Sie einverstanden mit

Spieghi perché. — erklären Sie

Giustifichi	la Sua risposta.			begründen Sie
Motivi	la Sua opinione	**dando**	esempi.	begründen Sie; indem Sie geben
		aggiungendo		indem Sie anfügen

Le sembra un'idea realistica	o, **al contrario**, utopica?	hingegen
	oppure no?	oder nicht

Come si può	**risolvere** il problema?	lösen
È possibile	**trovare** una soluzione?	finden

2.2 Dare la propria opinione

Mi sembra	che	il problema sia complesso.		mir scheint
Mi pare		la situazione non sia semplice.		mir scheint
Credo		un mondo diverso sia possibile.		ich glaube
Non penso		l'autore	si sbagli.	ich denke nicht
Suppongo			abbia ragione.	ich vermute

> Nach Verben der Meinungsäußerung (**credere, pensare, ritenere**…) steht immer der **congiuntivo**.
> Vor dem Nebensatz steht anders als im Deutschen kein Komma: **ich denke, dass** = **penso che.**

È un tema molto **discusso**. — umstritten, strittig
Sono affermazioni **discutibili**. — fragwürdig

Trovo questa proposta	interessante. un po' **bizzarra**. molto **originale**. **non opportuna**. **irrealizzabile**.	(ich) finde seltsam originell nicht angemessen nicht durchführbar
Per me, **Secondo me,** **A mio giudizio,** **A mio modo di vedere,** **Dal mio punto di vista,**	alcuni aspetti non sono chiari.	für mich meiner Meinung nach meiner Meinung nach meiner Ansicht nach von meinem Standpunkt aus
Sinceramente, **Francamente,** **A dire la verità,** **Parlando apertamente,**	il tema non mi interessa. non credo che sia così importante.	ehrlich (gesagt) ehrlich (gesagt) um die Wahrheit zu sagen offen gesagt
Per dare una risposta	**dovremmo** informarci meglio. **si dovrebbe** approfondire la questione. **si dovrebbero** analizzare altri aspetti.	müssten wir müsste man müsste man
Occorre **Bisogna** **Bisognerebbe**	verificare le affermazioni del testo. confrontarsi con opinioni differenti. approfondire le proprie conoscenze.	es ist nötig, man muss es ist nötig, man muss es wäre nötig
Sarebbe opportuno	conoscere altri punti di vista. **discuterne** più a lungo. **consultare** un esperto.	es wäre angebracht darüber zu diskutieren konsultieren
È **necessario** È **indispensabile** È **imprescindibile**	cercare / trovare / individuare un'alternativa. nuove idee. la fonte delle informazioni.	nötig unumgänglich unabdingbar
Una cosa è certa: **(Su questo) non c'è dubbio:**	il problema **non ha soluzione**.	eines steht fest es gibt keinen Zweifel (darüber) ist unlösbar
Ciò che importa è rispettare la **L'importante** è che si rispetti la **L'essenziale** è il rispetto della	libertà di opinione.	worauf es ankommt das Wichtige die Hauptsache, das Wesentliche

2.3 Effettuare uno scambio di opinioni

Su questo punto **(non) hai ragione**.		du hast (un)recht
Non sono d'accordo **Sono d'accordo**	**con** te / Lei / l'autore.	ich bin nicht einverstanden mit ich bin einverstanden mit

Non sono	**dello stesso parere** **dello stesso avviso**	dell'autrice.	derselben Meinung derselben Meinung

La penso diversamente da voi. — ich bin anderer Meinung als

Questi sono **i motivi**	**per cui** per i quali	la proposta (non) **mi convince**: trovo il testo (poco) **convincente**:	die Gründe, weshalb überzeugt mich überzeugend

Non condivido affatto	questa posizione…	ich teile überhaupt nicht
Condivido **solo in parte**	le tue **affermazioni**…	nur teilweise; Behauptungen

… per la **debolezza** degli argomenti. — Schwäche

… perché bisogna / occorre **considerare** / **tenere in conto** altri aspetti. — bedenken / in Betracht ziehen

… perché ci sono altri aspetti **da considerare**. — die man bedenken muss

Sono d'accordo con l'autrice	**malgrado**	la debolezza dei suoi argomenti.	trotz
	nonostante	i suoi argomenti siano deboli.	obwohl
	anche se i suoi argomenti sono deboli.		auch wenn

> Nach **malgrado, nonostante, sebbene, benché** wird immer der **congiuntivo** verlangt (nach **malgrado** und **nonostante** kann anstelle eines Nebensatzes auch ein Substantiv stehen).
> Nach **anche se** verwendet man den **indicativo**.

2.4 Pro e contro

Espressioni solo orali:

Pro		*Contro*	
Esatto.	Genau.	No, **(questo) non è vero**.	Das stimmt nicht.
Giusto.	Richtig.	No, **non è così**.	Das ist nicht so.
Sì, certo.	Ja, natürlich.	**Non proprio.**	Nicht ganz.
Sì, infatti.	Ja, eben.	**Niente affatto.**	Überhaupt nicht.
È proprio così.	Es ist genau so.	**Non credo proprio.**	Ganz und gar nicht.
Va bene, però…	In Ordnung, aber …	**Non è affatto vero.**	Es ist gar nicht wahr.
D'accordo, ma…	Einverstanden, aber …	Mi spiace, ma qui **ti sbagli**.	Du irrst dich.

Espressioni orali e scritte:

Pro			*Contro*		
In parte **hai ragione**.		du hast recht	Su questo l'autore **ha torto**.		hat unrecht
Sono d'accordo	**con te.**	ich bin deiner Meinung	**Non sono d'accordo**	**con voi.**	ich bin nicht eurer Meinung
	con lui.	ich bin seiner Meinung		**con lei.**	ich bin nicht ihrer Meinung
Anch'io **la penso così**.		ich denke genauso	Questo è vero **solo in parte**.		nur teilweise
È vero che (+ *ind.*)		es ist wahr	**Non è vero** che (+ *ind.*)		es ist nicht wahr
Mi pare che (+ *cong.*)		mir scheint	**Non mi sembra** che (+ *cong.*)		ich glaube nicht

Zum Modus bei Verben der Meinungsäußerung s. Seite 10.

Questo esempio	è poco **plausibile**.	stichhaltig
	mi sembra **superfluo**.	überflüssig
	non viene a proposito.	gehört nicht zur Sache
	non ha niente a che vedere con il tema.	hat (gar) nichts zu tun mit

Queste affermazioni	sono	**piuttosto**	**imprecise.**	ziemlich ungenau
		alquanto	**inesatte.**	ziemlich ungenau
	lasciano il tempo che trovano.			sind unerheblich

A differenza di quanto	dice	l'autore,	i fatti sono chiari.	im Unterschied zu
	afferma		le cose non stanno così.	behauptet
	sostiene		non c'è altra possibilità.	behauptet

2.5 Esprimere indecisione o indifferenza

Non ci siamo fatti **nessuna opinione**	su questo tema.	keine Meinung
Non ho molto da dire	**al riguardo**.	diesbezüglich
Non saprei cosa aggiungere	**in merito**.	diesbezüglich

Non mi sono ancora **formato un'opinione chiara**.	keine deutliche Meinung gebildet
Non mi interessa.	interessiert mich nicht

Per me	**fa lo stesso**.	ist egal
	è **indifferente**.	gleichgültig

Il problema	è che	**non capisco niente**	di questo tema.	verstehe nichts
Il fatto		**non mi intendo**	di queste cose.	kenne mich nicht aus

2.6 Concludere un dibattito

Su questo tema	possono esserci	**diversi punti di vista**.	verschiedene Standpunkte
	ci possono essere	**pareri differenti**.	unterschiedliche Meinungen
	abbiamo	**opinioni divergenti**.	voneinander abweichende Meinungen

Mi pare	che	**(non) siamo arrivati a (ness)un accordo**.	haben (k)eine Übereinstimmung erzielt
Sembra		abbiamo raggiunto **una conclusione comune**.	gemeinsames Ergebnis
		siamo giunti al termine del dibattito.	sind zum Ende gekommen

Con questi argomenti **mi sono convinta che** hai ragione tu.	bin zu der Überzeugung gelangt, dass

Nonostante le tue parole **(non) ho cambiato**	**opinione**.	habe meine Meinung (nicht) geändert
	idea.	Meinung

Continuo a pensare	che queste idee siano assurde.	meine weiterhin
Continuano a credere	di avere ragione.	glauben weiterhin

Cambiamo tema.	wechseln wir das Thema
Lasciamo stare.	lassen wir es

Concludiamo	questo dibattito.	beenden wir
Mettiamo fine a	questa discussione.	setzen wir einen Schlusspunkt

3 Definizioni

Che (cosa) **significa** *iniziare*?	bedeutet
Cosa **vuol dire** *iniziare*?	bedeutet
La parola *iniziare* è un **sinonimo** di *cominciare*.	Synonym
La parola *iniziare* ha **lo stesso significato** di *cominciare*.	die gleiche Bedeutung
La parola *iniziare* è il **contrario** di *finire*.	Gegensatz
La parola *iniziare* è un **antonimo** di *finire*.	Antonym
La parola … / Il termine … **si può definire** così: …	kann man definieren
La parola … / Il termine … **si riferisce a** …	bezieht sich auf
La parola … / Il termine … ha diversi **significati**.	Bedeutungen
La parola … / Il termine … ha diverse **accezioni**.	Bedeutungen
Il significato di questa parola **dipende dal contesto**.	hängt vom Kontext ab
Il significato di questa **espressione** non è ancora nel dizionario.	Ausdruck
Il significato di questo **termine**	Begriff
Il significato di questo **neologismo**	Neologismus, neues Wort
Il significato di questo **vocabolo**	Vokabel
Nessun è la **forma** **apocopata** di *nessuno*.	apokopierte Form
Nessun è la **forma** **troncata** di *nessuno*.	apokopiert
Nessun **presenta**	weist auf, enthält
un'**apocope**.	Apokope
un **troncamento**.	Apokope
Un bel ragazzo **contiene** la forma apocopata	enthält
dell'**aggettivo** *bello*.	Adjektiv
In *un bell'uomo* c'è l'**elisione** della vocale finale di *bello*.	Elision
In *un bell'uomo* si osserva la forma **elisa** di *bello*.	elidiert
Nei casi di elisione **ci vuole** l'apostrofo, nei casi di troncamento no.	braucht man, ist nötig
Un po' si scrive sempre con l'**apostrofo**.	Apostroph
Guardò e *farà* si scrivono con l'**accento**.	Akzent
Il **singolare** di *uomini* è *uomo*.	Singular
Uova è il **plurale** di *uovo*.	Plural
La parola *virtù* è **invariabile**: plurale e singolare sono uguali.	unveränderlich
In italiano ci sono molte **eccezioni**:	Ausnahmen
mano è **femminile**, *problema* è **maschile**.	feminin, maskulin
Librone è un **accrescitivo** di *libro*, ma *mattone* non lo è di *matto*.	Vergrößerungsform

Manina è un **diminutivo** di *mano*, ma *mattina* non lo è di *matta*.	Verkleinerungsform, Diminutiv
Cagnaccio è il **peggiorativo** di *cane*.	Pejorativum
Casetta è il **vezzeggiativo** di *casa*.	Koseform, Verniedlichungsform
Il **superlativo** di *bello* è *bellissimo*, mentre quello di *buono* è *ottimo*.	Superlativ
La parola *caldo* per i tedeschi è un **falso amico**.	falscher Freund
Aperto è un participio verbale **irregolare**.	unregelmäßig
Aperto è (una) **voce** del verbo *aprire*.	(Verbal)Form
Aperto **viene** dal verbo *aprire*.	kommt
Il verbo *contraddire* **si coniuga** come il verbo *dire*.	konjugiert man, wird konjugiert
Il verbo *contraddire* ha diverse **irregolarità**.	Unregelmäßigkeiten

4 Citazioni

Qui		c'è scritto: "…".	steht (geschrieben)
In questo punto		c'è scritto che…	an dieser Stelle
A pagina 19		l'autore scrive: "…".	auf Seite
Alla riga	12		in Zeile
Nella riga			in Zeile
All' / Nell'**ultima**	riga		letzte
Alla / Nella **penultima**			vorletzte
Nel primo / secondo / terzo	**capitolo**		Kapitel
	paragrafo		Abschnitt, Absatz
	verso		Vers
Nel capitolo / Nel paragrafo	**precedente**		vorhergehend
	successivo		(darauf)folgend
Nella **colonna**	**di destra**		rechte Spalte
	di sinistra		linke

Nelle pagine 8-12				auf den Seiten
	l'**autore**			Verfasser, Autor
	la **scrittrice**			Schriftstellerin
		parla di	(l)la situazione attuale.	spricht von
		si riferisce a		bezieht sich auf
		fa riferimento a		nimmt Bezug auf
		menziona		erwähnt
		nomina		erwähnt
		allude a		spielt an auf
		introduce un nuovo tema.		leitet ein
		riprende un tema già trattato.		nimmt wieder auf
		affronta il tema della situazione attuale.		geht das Thema an
		si domanda se la situazione è / sia pericolosa.		fragt sich, ob

Die Präpositionen di, a, da, in, su verschmelzen mit dem nachfolgenden bestimmten Artikel zu einem Wort (**preposizioni articolate**).

	il	**lo**	**l'**	**la**	**i**	**gli**	**le**
di	del	dello	dell'	della	dei	degli	delle
a	al	allo	all'	alla	ai	agli	alle
da	dal	dallo	dall'	dalla	dai	dagli	dalle
in	nel	nello	nell'	nella	nei	negli	nelle
su	sul	sullo	sull'	sulla	sui	sugli	sulle

L'autrice si riferisce a questo aspetto	**all'inizio**	del testo.	am Anfang
	nella parte centrale	della poesia.	im Hauptteil
	alla fine	dell'articolo.	am Ende

C'è	una **citazione rivelatrice**	a pagina 3.	aufschlussreiches Zitat
	una **frase decisiva**	nella terza pagina.	entscheidender Satz
	un **passaggio fondamentale**	nel penultimo paragrafo.	wesentliche Passage

Mi riferisco alle righe	già citate.		ich beziehe mich auf
	citate	**in precedenza**.	oben genannt
	menzionate	**sopra**.	oben genannt
		sotto.	unten
		più avanti.	unten

Secondo	l'autore,		zufolge
	l'autrice,	**si tratta di** un fatto importante.	handelt es sich um

Il	**senso**	dei versi 8-12 è: …	Sinn
	significato		Bedeutung

V. (= *vedi*)	**sopra.**	siehe oben
	sotto.	unten

Cfr. (= *confronta*)	gli altri articoli dell'autore.	vergleiche
	da pag. (= *pagina*) 15 **a pag.** 18.	von Seite … bis Seite …
	il **cap.** (= *capitolo*) **successivo**.	darauffolgendes Kapitel

5 | Parlare di processi e avvenimenti storici

5.1 Gli avvenimenti storici e la loro durata

Occorre È necessario	**ricostruire** comprendere	**l'intero contesto** tutto il contesto	del **decennio**. del **secolo**. dell'**epoca**. di quel **periodo** storico.	rekonstruieren Gesamtzusammenhang Jahrzehnt Jahrhundert Epoche Zeitalter
	menzionare tutta una serie di	**fatti** precedenti. **avvenimenti** storici.		nennen; Tatsachen Ereignisse

L'epoca di cui stiamo parlando **è caratterizzata da** tre aspetti. — ist gekennzeichnet durch

In	**primo** **secondo** **terzo**	**luogo**…	erstens zweitens drittens

In questo periodo In quegli anni	**avvenne** **ebbe luogo**	un importante **cambiamento**. una grande **trasformazione**.	fand statt; Wandel fand statt; Veränderung
In quel secolo In quel decennio	**sorsero** **scoppiarono**	diversi **conflitti**. due guerre.	tauchten auf; Konflikte brachen aus

Si trattò di uno **sviluppo**	rapido. **graduale**. **lento**.	Entwicklung allmählich langsam

La società italiana	**si trasformava** **cambiava**	velocemente. **profondamente**.	verwandelte sich änderte sich; grundlegend

Il paese **stava attraversando**	una crisi. un'**epoca di transizione**.	durchlief, machte durch Übergangszeit

Il processo di sviluppo **si può dividere** in varie **fasi**. — lässt sich einteilen; Phasen

L'Impero romano	venne fondato nel 27 **a.C.** (= *avanti Cristo*). d'Occidente durò fino al 476 **d.C.** (= *dopo Cristo*).		vor Christus nach Christus
Il Medio Evo	durò	**dal** 476 **al** 1492. **dal V al XV secolo**.	von … bis … (Jahre) vom 5. bis zum 15. Jahrhundert

Nach den römischen Zahlen wird im Italienischen kein Punkt gesetzt, denn es handelt sich bereits um Ordinalzahlen. Dieser Satzteil wird **„dal quinto al quindicesimo secolo"** gelesen. Die Jahrhunderte bezeichnet man auch mit den Termini **Duecento** (13. Jh.), **Trecento** (14.), **Quattrocento** (15.), **Cinquecento** (16.), **Seicento** (17.), **Settecento** (18.), **Ottocento** (19.) und **Novecento** (20.).

All'inizio						anfangs
In seguito						danach
Più tardi						später
Alla fine						schließlich, am Ende
Per **molto tempo**						lange Zeit
Per **anni**						jahrelang
Per **decenni**						jahrzehntelang
Per **secoli**						jahrhundertelang
Dal 1915 **al** 1917	questa	regione				von … bis …
Nel 1848		zona	fu			im Jahr
				il **teatro**	di intensi scontri.	Schauplatz
				lo **scenario**	di dure battaglie.	Schauplatz

Nel corso del IV secolo	l'impero romano	entrò in crisi.	im Laufe des
A partire dal IV secolo		iniziò a declinare.	ab dem
Con il passare del tempo		cominciò a sgretolarsi.	im Laufe der Jahre
A poco a poco			nach und nach

Le donne in Italia possono votare	**dal** 1946.	seit
	da (più di) sessantacinque anni.	seit (mehr als)

Fino al 1946	le donne italiane non avevano il diritto di voto.		bis
(Fino a) Poco tempo fa			(bis) vor Kurzem
Nel 1946	le donne **conquistarono**	il **suffragio.**	eroberten; Wahlrecht
(Solo) Pochi anni fa		i diritti politici.	(erst) vor wenigen Jahren

5.2 I processi storici e i loro protagonisti

Il Risorgimento	è il **processo storico** che portò all'unificazione d'Italia.	historischer Prozess
	fu preparato da importanti **movimenti** politici e culturali.	Bewegungen
	fu accompagnato da **mutamenti** economici e sociali.	Wandel

Cavour, Mazzini e Garibaldi	furono tra le **figure chiave**	del Risorgimento.	Schlüsselfiguren
	sono alcuni dei **protagonisti**		Protagonisten
	svolsero un **ruolo essenziale** nel Risorgimento.		spielten; wesentliche Rolle

Le guerre d'Indipendenza italiane	**iniziarono**	nel 1848.	begannen
	ebbero inizio		fingen an
	terminarono	nel 1866.	endeten
	si conclusero		gingen zu Ende

Giuseppe Garibaldi **nacque** a Nizza nel 1807 e **morì** a Caprera nel 1882.	wurde geboren; starb

Lo **storico** incontro di Teano	ebbe luogo nell'ottobre del 1860.	denkwürdig, historisch
	è un importante **episodio** del Risorgimento.	Vorfall

Il 1860 fu	un anno **decisivo**	per l'unificazione d'Italia.	entscheidend
	una data **fondamentale**		wesentlich

5.3 Cause e conseguenze di avvenimenti storici

Questo cambiamento	**si dovette a**			ging zurück auf
	ebbe	diverse	**cause**.	Gründe, Ursachen
			ragioni.	Gründe, Ursachen
		vari **motivi**.		Gründe

L'impero crollò	**a causa di**	vari problemi interni.	aufgrund von
	in seguito a		infolge von
Il crollo dell'impero fu	una **conseguenza** di		Folge
	il **risultato** di		Ergebnis

La crisi economica	**provocò**	una forte emigrazione.	rief hervor
	causò	l'aumento della disoccupazione.	verursachte
	dette luogo a		führte zu
	ebbe come effetto		hatte zur Folge

Il boom economico Il miracolo economico	sollevò **immediatamente** enormi speranze di sviluppo.		sofort, prompt
	portò a	un aumento del tenore di vita.	verursachte
	condusse a		führte zu
	ebbe forti **ripercussioni su**lla struttura della società.		Auswirkungen auf
	ebbe anche effetti negativi **nel medio e lungo periodo**.		mittel- und langfristig

Tra gli effetti **a**	**breve**	**termine**	ci fu…	kurzfristig
	medio		si può indicare…	mittelfristig
	lungo		possiamo contare…	langfristig

Le conseguenze si fanno sentire	**a tutt'oggi**.			bis zum heutigen Tage
	soprattutto	**sul piano**	**nazionale**.	auf nationaler Ebene
		a livello	**internazionale**.	auf internationaler Ebene

L'attentato	fu il primo di una	**catena**.	Reihe, Serie
		lunga **serie**.	Reihe, Serie
	portò il paese	ad una **situazione limite**.	Ausnahmesituation
		sull'**orlo** di una **guerra civile**.	Rand; Bürgerkrieg

5.4 Passato e presente

La storia insegna a	**relativizzare**.		relativieren
	guardare il presente **con occhio critico**.		mit kritischem Blick
	non **commettere** gli **errori** del passato.		begehen; Irrtümer
	confrontare	presente e passato.	vergleichen
		il **presente** con il **passato**.	Gegenwart; Vergangenheit

Questo problema **affonda le radici** molto lontano nel tempo.	ist verwurzelt
Il conflitto **ha origine** nelle polemiche dell'Ottocento.	hat seinen Ursprung

Certe tradizioni	**si tramandano**	di padre in figlio.	werden überliefert
	sono state tramandate	**di generazione in generazione**.	von Generation zu Generation

In numerose città italiane	si conservano	molte **tracce**	del passato.	Spuren
Ancora oggi in Italia	possiamo osservare	le **vestigia**	dell'antichità.	Spuren

Dopo quasi	cinque secoli,	il *Principe* di Machiavelli è **ancora** attuale.	nach
A distanza di	cinque secoli,		nach; noch
Nonostante siano trascorsi 500 anni,			obwohl … vergangen sind

La situazione	(non) è	**migliorata**			verbessert
		peggiorata			verschlechtert
			rispetto a	dieci anni fa.	im Vergleich zu
				(i)l secolo **scorso**.	vergangen
	(non) si è **deteriorata**.				verschlechtert
	è **rimasta**	**immutata**.			unverändert geblieben
		la stessa.			gleich

Le relazioni tra i due paesi sono **sempre** state	molto buone.	immer
	ambivalenti.	ambivalent
	conflittuali.	konfliktgeladen

Attualmente		è stato superato.	gegenwärtig
Al giorno d'oggi	il problema	non esiste più.	heutzutage
		continua ad esistere.	besteht fort

Il **bilancio** di quest'epoca			Bilanz
	è **chiaramente**		eindeutig
		positivo.	positiv
		negativo.	negativ

6 | Analizzare un problema

6.1 Aspetti e cause

Il problema di molti paesi poveri	**consiste nel**la loro dipendenza.			besteht in, beruht auf
	ha	varie	**dimensioni**.	Dimensionen
			sfaccettature.	Facetten
		diversi **aspetti**.		Seiten
	si deve a			geht zurück auf
			vari motivi.	mehrere Ursachen
			diversi elementi.	verschiedene Elemente

Ci sono	diverse **ragioni**			Gründe
	diverse **cause**	per le quali	si è giunti a questa situazione.	Ursachen
		per cui		weshalb

I prezzi aumentano	**a causa di**	l'inflazione.	aufgrund von
	per		wegen

L'impresa è fallita **più per** incompetenza **che per** mancanza di clienti.	eher wegen … als wegen …

L'aumento dei prezzi	**sorge più da… che da…**	entsteht eher durch … als durch …
	è dovuto più a… che a…	geht eher zurück auf … als auf …

Poiché		c'è poco lavoro, molti emigrano all'estero.	da, weil
Siccome			da, weil
Dato	**che**		da, weil
Visto	**che**		da, weil
Dal momento	**che**		da, weil

Molte persone emigrano	**perché**		c'è poco lavoro.	da, weil
	in quanto			da, weil
	, dato	**che**		da, weil
	visto	**che**		da, weil
	, dal momento	**che**		da, weil

Per questo	molti sono emigrati in quegli anni.	daher, deshalb
Perciò		deswegen

È necessario	**tenere in conto**	tre aspetti.	berücksichtigen
	considerare		berücksichtigen

Questi tre **fattori**	sono	**decisivi**.	Faktoren; entscheidend
Questi due aspetti	sono	**determinanti**.	entscheidend

Tra questi fatti esiste	una **relazione di causalità**.	ursächlicher Zusammenhang
	un **rapporto di causa-effetto**.	Ursache-Wirkung-Beziehung

In primo luogo,	i salari sono molto bassi.	erstens
In secondo luogo,	l'indice di analfabetismo è alto.	zweitens
In terzo luogo,	mancano gli alloggi.	drittens
Inoltre		außerdem
A parte questo,		abgesehen davon

Pertanto	il tenore di vita è basso.	deshalb, deswegen
Quindi		daher, also
Per (tutti) questi motivi,		aus (all) diesen Gründen

Insomma,	la situazione economica del paese è disastrosa.	schließlich, also
Vale a dire,	il paese è in crisi.	das heißt
Riassumendo,		zusammenfassend
Per dirla brevemente,		um es kurz zu sagen
Per dirla in breve,		kurz
La situazione **si potrebbe riassumere così**:		man könnte folgendermaßen zusammenfassen

6.2 Valutazione di singoli aspetti

Da un lato	il turismo è una risorsa,	**dall'altro**	è un problema.	einerseits … andererseits
Da una parte		**dall'altra**		einerseits … andererseits

È vero che arrivano molti turisti, …	zwar (stimmt, dass)…
… **ma** il turismo dà lavoro solo a una parte della popolazione.	aber …

D'altra parte,	il turismo è sempre stato una fonte di lavoro importante.	übrigens, andererseits
D'altronde,		übrigens, andererseits

Tuttavia,	poche persone criticano il governo.	dennoch
Malgrado tutto,	la maggioranza è ancora ottimista.	trotz allem
Ciò nonostante,		trotzdem
Nonostante le difficoltà,		trotz

Sebbene	tutti siano scontenti, nessuno protesta.	obwohl, obgleich
Benché	si tratti di una regola molto antica, la si deve rispettare.	obwohl, obgleich
Nonostante	sia difficile, bisogna risolvere il problema.	obwohl, obgleich
Anche se è difficile, bisogna risolvere il problema.		auch wenn

Zum Verbmodus bei diesen Konjunktionen s. Seite 12.

Anche se	è	impossibile,	ci provo *	ugualmente.	auch wenn
Anche se	era	impossibile,	ci provai *	**ugualmente**.	dennoch
Anche se	sarà	impossibile,	ci proverò *	ugualmente.	
Anche se	fosse	impossibile,	ci proverei **	ugualmente.	
Anche se	fosse stato	impossibile,	ci avrei provato ***	ugualmente.	

* Konditionalsatz I (Wahrscheinlichkeit): Die Verben sind im **indicativo** (**presente, passato** und **futuro**), es sei denn, die Konjunktion verlangt den **congiuntivo** (wie z.B. **sebbene** und **benché**, s. Seite 12).
** Konditionalsatz II (Unwahrscheinlichkeit bzw. Irrealis der Gegenwart): Die Verben sind im **congiuntivo imperfetto** (Neben- bzw. Bedingungssatz) und im **condizionale presente** (Hauptsatz).
*** Konditionalsatz III (Unmöglichkeit bzw. Irrealis der Vergangenheit): Die Verben sind im **congiuntivo trapassato** (Neben- bzw. Bedingungssatz) und im **condizionale passato** (Hauptsatz).

6.3 Conseguenze

Questo fatto Questo fenomeno	ha	diverse **conseguenze**. diversi **effetti**.	Konsequenzen, Folgen Folgen

Per questo		molti giovani emigrarono.	daher, deshalb, deswegen
Pertanto			daher, deshalb, deswegen
Perciò			daher, deshalb, deswegen
Di conseguenza,			daher
In conseguenza	della crisi,		infolge
Come risultato			als Ergebnis
In seguito alla crisi,			infolge

Le conseguenze Gli effetti	**sul**	**breve**	**periodo**	sono **molteplici**.	kurzfristig
		medio			mittel(fristig)
		lungo			lang(fristig)
					vielfältig

6.4 Presentare un'esposizione

Il tema	della mia	**esposizione**	è l'arte rinascimentale.	Referat
		relazione		Referat
		presentazione		Präsentation
	del nostro **intervento**			Vortrag

La nostra presentazione **ruota intorno a** … — dreht sich um

Abbiamo preparato	un **riassunto**.	Zusammenfassung
	uno **schema**.	Schema

La mia presentazione **si (sud)divide in** / **è articolata in** quattro parti.	ist aufgeteilt in, besteht aus ist gegliedert in
Innanzitutto / **Anzitutto** / **Per prima cosa** presenterò / esporrò l'origine del problema. / i fatti storici.	zunächst zunächst als Erstes
In seguito / **Più avanti** / **Successivamente** / **A seguire** parlerò delle conseguenze.	im Folgenden im Folgenden, im Nachstehenden anschließend anschließend
Darò un **esempio concreto** di queste conseguenze … … per **illustrare** il problema.	konkretes Beispiel veranschaulichen
Questo **lucido** mostra una **statistica**. / un **diagramma**. / uno **schema**. / i **punti chiave** dell'esposizione.	Folie Statistik Diagramm Schema Hauptpunkte
Ci sono vari **ostacoli** da superare. / diverse **proposte di soluzione** a questi problemi. / tre possibili **conclusioni**.	Hindernisse Lösungsvorschläge Schlussfolgerungen
C'è una sola **alternativa a** questa crisi.	Alternative zu
Riassumendo si può dire / **Concludo** **dicendo** / **Vorrei concludere** **dicendo** che si tratta di un tema affascinante.	zusammenfassend zum Abschluss möchte ich sagen zum Abschluss möchte ich sagen

7 | Parlare di periodici e riviste

7.1 La stampa

La stampa è	un importante **mezzo di comunicazione di massa**.	Massenmedium
	uno dei principali **mezzi di informazione**.	(Informations)Medien
In Italia, come in altri paesi, c'è una vivace	**stampa locale**.	lokale Presse
	stampa nazionale.	überregionale Presse
I giornali	sono importanti **fonti di informazione**.	Informationsquellen
	si stampano di notte.	werden gedruckt
L'ANSA è una delle principali **agenzie di informazione** italiane.		Nachrichtenagenturen
Alcuni lettori	comprano il giornale in **edicola**.	(Zeitungs)Kiosk
	ricevono il quotidiano per posta, **in abbonamento**.	als Abonnement
	si abbonano a una o più riviste.	abonnieren
	sono abbonati a una o più riviste.	haben abonniert
Molti lettori sono appassionati di	**stampa scandalistica**.	Sensationspresse
	stampa rosa.	Regenbogenpresse
	stampa specializzata.	Fachpresse
In Italia i **quotidiani**	**sportivi** hanno una **tiratura** molto alta.	Sportzeitungen; Auflage
	politici appartengono spesso a un partito.	Politik(zeitungen)
	economici sono poco diffusi.	Wirtschafts(zeitungen)

XY è	l'**editore** / l'**editrice**	di questa rivista. / di questo giornale.	Verleger(in)
	il **direttore (responsabile)** *		(verantwortlicher) Chefredakteur
	il **caporedattore**		Chefredakteur
	il **redattore capo** *		Chefredakteur
	un **redattore** / una **redattrice**		Redakteur(in)
	un / una **giornalista**		Journalist(in)
	un / una **cronista**		Reporter(in)
	un / una **fotoreporter**		Fotoreporter(in)
	un **collaboratore** / una **collaboratrice**		Mitarbeiter(in)
	un / una **corrispondente**		Korrespondent(in)
	un **inviato** / un'**inviata (speciale)**		(Sonder)Berichterstatter(in)
	una **grande firma**		ein großer Name
	una firma **prestigiosa**		namhaft, bedeutend
	una firma **di prestigio**		namhaft, bedeutend

* Die maskulinen Formen werden in diesen Fällen sehr oft auch für Frauen verwendet (etwa: **Concita De Gregorio è stata per anni il direttore de L'Unità**). Trotzdem kann man auch die weibliche Form verwenden: **la direttrice responsabile** bzw. **la caporedattrice / la redattrice capo**.

7.2 Pubblicazioni periodiche

L'ultima **edizione** L'**edizione speciale**	di *Panorama*	è **esaurita**.	Ausgabe; vergriffen Sonderausgabe
L'ultimo **numero** Il numero **odierno**	de *L'Espresso*	è esaurito.	Ausgabe heutig
In Italia	**escono** **si pubblicano**	molti **periodici** di vario tema.	erscheinen; Zeitschriften werden veröffentlicht

Questo articolo	**è stato pubblicato** **è apparso** **è uscito**	su		wurde veröffentlicht ist erschienen ist erschienen
			un **giornale**.	Zeitung
			un **quotidiano**.	Tageszeitung
			un **settimanale**.	Wochenzeitung
			un **quindicinale**.	Halbmonatsschrift
			un **mensile**.	Monatszeitung
			un **supplemento**.	Beilage
			una **rivista**.	Zeitschrift

Ho comprato	una **rivista**	**di moda**.	Modezeitschrift
		giovanile.	Jugend(zeitschrift)
		femminile.	Frauen(zeitschrift)
		tecnica.	Fachzeitschrift
	un **giornale**	**sportivo**.	Sportzeitung
		economico.	Wirtschaft(szeitung)
		scandalistico.	Skandal(blatt)

7.3 Leggere i periodici

Posso	**sfogliare** la rivista?		durchblättern
	dare un'occhiata ai titoli?		einen Blick werfen auf
Vorrei	**approfondire**	la notizia.	vertiefen
	riflettere su	questo articolo.	nachdenken über
	analizzare	il servizio fotografico.	analysieren

7.4 Classificazione dei testi

Si tratta di	una **parte**	di		Teil
	un **frammento**			Auszug
			una **notizia**.	Nachricht
			un **reportage**.	Reportage
			un **articolo (di fondo)**.	(Leit)Artikel
			un **editoriale**.	Leitartikel
			un **commento**.	Kommentar
			un **servizio**.	Bericht
	una **recensione** di un libro.			Rezension
	una **lettera al direttore**.			Leserbrief
	un **annuncio**.			Anzeige, Annonce

Oggi tutti i giornali	riportano questa notizia **in prima pagina**.	auf der Titelseite
	hanno gli stessi **titoli**.	Schlagzeilen

Quel giornalista	ha una **colonna** sul *Corriere della Sera*.	Kolumne
	tiene da diversi anni una **rubrica** di cinema.	Rubrik
	ha scritto una **critica** molto dura su questo libro.	Kritik

7.5 Analizzare un articolo

Il titolo	**cattura l'attenzione** dei lettori.	zieht die Aufmerksamkeit auf sich
	incuriosisce il pubblico.	macht neugierig

L'autore ha **intitolato** l'articolo			betitelt
	con	un **gioco di parole**.	Wortspiel
		un **proverbio**.	Sprichwort
		una **domanda (retorica)**.	(rhetorische) Frage
		una **citazione**.	Zitat
	in (un) modo	**ambiguo**.	zweideutig
		sensazionalistico.	sensationslüstern
	in modo da	incuriosire il **pubblico**.	Publikum
		suscitare stupore.	erwecken

Rivolgendo la parola al lettore,			indem er/sie … richtet
Utilizzando il pronome	*tu*,		indem er/sie … verwendet
	voi,	l'autrice **cerca** di suscitare curiosità.	versucht

Il **tema**	**(principale)**	dell'articolo è…	(Haupt)Thema
L'**argomento**	**(centrale)**		(Haupt)Thema

Dopo	un'**ampia**				ausführlich
	una **breve**				kurz
		introduzione, l'autore			Einführung
			tratta	(i)l tema …	behandelt
			si occupa di	(i)l problema …	befasst sich mit

La questione ecologica	non **viene approfondita**.	wird vertieft
	non viene neanche **nominata**.	genannt
	viene solamente **tratteggiata**.	skizziert
	viene descritta **a grandi linee**.	in groben Zügen
	viene affrontata **dettagliatamente**.	ausführlich

L'inviato parla	dello **sfondo storico**	della questione.	historischer Hintergrund
	delle **radici storiche**	del problema.	historische Wurzeln

L'inviata cerca di **esporre oggettivamente**			objektiv darstellen
	le **cause**		Gründe
	il **perché**	del crimine.	Ursache
	l'**origine**	dei fatti.	Ursprung
	i **motivi**		Motive, Beweggründe

Si serve di				verwendet
Utilizza				verwendet
	diversi **mezzi**			Mittel
	vari **metodi**			Methoden
		per	**illustrare** la situazione.	veranschaulichen
			sottolineare gli aspetti principali.	unterstreichen
			fornire un quadro realistico della vicenda.	wirklichkeitsgetreues Bild geben

Il cronista	fa	una **descrizione**	**dettagliata**	della situazione.	detaillierte Beschreibung
	offre		**minuziosa**		minutiös
	menziona				erwähnt
	descrive				beschreibt
		tutti	i **dettagli**	della vicenda.	Einzelheiten
			i **particolari**	del problema.	Einzelheiten
	si dilunga sui dettagli.				breitet sich aus über
	cita	vari specialisti.			zitiert
	riporta le parole di	diversi politici.			gibt wieder

L'autrice	**si riferisce**			bezieht sich
	fa riferimento	a un		bezieht sich auf
			caso concreto.	konkreter Fall
			esempio immaginario.	erfundenes Beispiel
	cita	una **serie**		Reihe
	fornisce	una **lista**	di casi concreti.	Liste
		un **elenco**		Auflistung

L'articolo **contiene**			enthält
Nell'articolo ci sono	**dichiarazioni**		Erklärungen
	citazioni	di **testimoni oculari**.	Augenzeugen

	si riferisce a	varie **fonti**.		Quellen
	cita	documenti	**attendibili.**	glaubwürdig
Il giornalista			**ufficiali.**	offiziell
	ha intervistato	i protagonisti della vicenda.		hat interviewt
		il giudice **competente**.		zuständig

	rafforza la sua tesi con		stützt, untermauert
	sostiene le sue idee con		stützt
		diverse **statistiche**.	Statistiken
L'autore		**dati statistici**.	statistische Daten
	presenta i **risultati**		Ergebnisse
		di un'**inchiesta**.	Umfrage
		di un **sondaggio**.	Umfrage, Befragung

La sua **argomentazione**			Argumentation
	si articola in tre punti.		gliedert sich
	manca di	prove concrete.	mangelt es an
	è priva di	dati oggettivi.	mangelt an

La giornalista	**valuta**		schätzt ein
Il critico	**descrive**		beschreibt
La cronista	**spiega**		erklärt
		le **possibili conseguenze** di questi fatti.	mögliche Folgen
	critica duramente la situazione attuale.		kritisiert scharf
	prevede che la situazione cambierà.		sagt vorher
	riassume ciò che ha detto.		fasst zusammen

Il corrispondente	**esprime**	la propria **opinione**	sui fatti.	drückt aus; Meinung
	manifesta		**in merito.**	äußert; diesbezüglich
	non nasconde			verbirgt nicht

Dall'articolo **emerge**	chiaramente		ergibt sich
Nell'articolo **si rivela**		la sua opinione.	wird deutlich
		il suo **punto di vista**.	Ansicht

7.6 Reazioni a un articolo

L'articolo	**ha trovato** / ha incontrato	**un** **ampio** / vasto **consenso**	tra i lettori. / **di pubblico**.	fand großen Anklang / beim Publikum
	ha **ottenuto**	una certa **risonanza**.	erfahren; Resonanz
	ha **raggiunto**	risonanza internazionale.	erreicht
L'editoriale	**ha lasciato** il pubblico **indifferente**.		ließ gleichgültig
	ha fatto scalpore.		erregte Aufsehen
	ha aperto	una lunga discussione nella società.	eröffnete
	ha dato luogo a	un **acceso dibattito** nel mondo politico.	gab Anlass zu; hitzige Debatte
Il commento	**ha suscitato** / **ha provocato**	molto interesse.	rief hervor, erregte
		diverse reazioni.	provozierte
		un'**ondata di proteste**.	Protestwelle

8 | Commentare testi narrativi e teatrali

8.1 Classificazione

Il testo di cui	**ci occupiamo**				befassen uns
	parliamo	è	una **favola**.		Fabel
			una **fiaba**.		Märchen
			una **leggenda**.		Legende, Sage
			una **novella**.		Novelle
			un **racconto**.		Erzählung
			un **romanzo**.		Roman
			un **romanzo breve**.		Kurzroman
			un'**opera**	**teatrale**.	Theaterstück
				di teatro.	Theater(stück)
			una **commedia**.		Komödie
			un'**operetta**.		Operette
			un **dramma**.		Drama
			un **melodramma**.		Melodram
			una **tragedia**.		Tragödie

Il testo **in questione** è				fraglich
	un **passaggio**		un racconto.	Auszug
	un **brano**		una novella.	Ausschnitt
	un **capitolo**	di	un romanzo.	Kapitel
	un **atto**		un dramma.	Akt
	una **scena**			Szene

8.2 Spazio e tempo

Il **luogo**			Ort
Lo **scenario**	della commedia	è Firenze.	Schauplatz
	della **vicenda**		Begebenheit

L'**azione**			Handlung
La **storia**			Geschichte
	si svolge a Palermo.		spielt
	è ambientata in	Sicilia.	spielt
		due **luoghi principali** e…	Hauptschauplätze
		…altri due **(luoghi) secondari**.	Neben(schauplätze)

Il racconto è ambientato	nell'**anno** 1950.	Jahr
	in un'epoca **indeterminata**.	unbestimmt

Il romanzo **è basato su**		beruht auf
	un **fatto reale.**	wahre Begebenheit
	una vicenda **realmente accaduta.**	die sich wirklich ereignet hat
	personaggi **realmente esistiti.**	die es wirklich gegeben hat

È la **drammatizzazione** di fatti reali. — Bühnenbearbeitung

L'autore	**rispetta**			beachtet
	non rispetta	l'**unità**	**di luogo.**	Einheit des Ortes
			di tempo.	(Einheit) der Zeit
			di azione.	(Einheit) der Handlung

L'**ambiente**	**naturale**		Umfeld; natürlich
	politico		politisch
	sociale	**è caratterizzato da…**	ist gekennzeichnet durch

8.3 I personaggi

I **personaggi**		Personen
I **personaggi principali**	del racconto sono…	Hauptpersonen
Le **figure**		Figuren

	un **personaggio secondario**		Nebenfigur
	il **personaggio centrale**		Zentralfigur
Tonio è	il **protagonista**	del romanzo.	Protagonist
	l'**eroe**		Held

Mirandolina è	il **personaggio principale**		Hauptfigur
	la **protagonista**	della commedia.	Protagonistin
	l'**eroina**		Heldin

Il principe Fabrizio	**svolge**			spielt
	gioca			spielt
		un **ruolo**	**centrale.**	zentrale Rolle
			importante.	wichtig
			decisivo.	entscheidend
			secondario.	sekundär, Neben-
			marginale.	marginal, Neben-

Bisogna analizzare la **caratterizzazione** di ogni personaggio	Charakterisierung, Porträt
nel suo aspetto fisico, psicologico e sociale.	in körperlicher, psychologischer und sozialer Hinsicht

Il **comportamento** di Renzo	**nei confronti di** Lucia	cambia nel tempo.	Verhalten; gegenüber
L'**atteggiamento** di Renzo		rivela i suoi sentimenti.	Haltung

Tra i due personaggi c'è / I due personaggi hanno una **relazione**	Beziehung
un **rapporto**	Verhältnis
un **(forte) legame**	(starke) Bindung
di **amicizia**.	Freundschaft
di **confidenza**.	Vertrautheit
di **affetto (reciproco)**.	(gegenseitige) Zuneigung
di **fiducia (reciproca)**.	(gegenseitiges) Vertrauen
conflittuale.	konfliktreich
Le due figure **si influenzano reciprocamente**.	beeinflussen sich gegenseitig
a vicenda.	gegenseitig
rappresentano atteggiamenti **contrastanti**.	verkörpern; gegensätzliche
divergenti.	entgegengesetzt
incarnano idee	verkörpern
che **si escludono** a vicenda.	sich ausschließen
(diametralmente) opposte.	(diametral) entgegengesetzt
Il lettore **intuisce**	erahnt
indovina	errät
i **pensieri** dei personaggi.	Gedanken
le **intenzioni**	Absichten

8.4 Caratterizzare i personaggi

Giovanni è un giovane **serio**.	ernst
giudizioso.	einsichtig
riflessivo.	nachdenklich
introverso.	introvertiert
discreto.	diskret, zurückhaltend
senza **ambizioni**.	Ehrgeiz
pigro.	träge, faul
Agisce sempre **con calma**.	handelt; gelassen
prudenza.	vorsichtig
razionalità.	überlegt
Tratta gli altri con **cortesia**,	Höflichkeit
gentilezza,	Freundlichkeit
affabilità,	Freundlichkeit
ma senza dare **segni**	Zeichen
di **cordialità**.	Herzlichkeit
di **affetto**.	Zärtlichkeit, Zuneigung
Per questo non riesce a **stringere** molte **amicizie**.	Freundschaften schließen
Si sente **infelice**	unglücklich
incompreso	unverstanden
e **prova compassione** solo per sé stesso.	empfindet Mitleid

Un giorno conosce Maria, una ragazza	
leggiadra.	anmutig
carina.	hübsch, nett
onesta.	anständig
diligente.	fleißig
semplice.	einfach
umile.	bescheiden
piena di vita.	lebenslustig
vivace.	lebhaft
impulsiva.	impulsiv
Maria **si rallegra** / **gioisce** / **gode** delle cose semplici.	
si rallegra	freut sich (über)
gioisce	hat Freude (an)
gode	freut sich über, genießt
I suoi amici **le vogliono bene.**	mögen sie, haben sie gern
I suoi amici **hanno fiducia in** lei.	haben Vertrauen in sie
I suoi amici **si fidano di** lei.	(ver)trauen ihr
A questo punto, Giovanni vuole	
cambiare vita.	sein Leben (ver)ändern
abbandonare la sua vita **ragionevole.**	vernünftig
abbandonare la sua vita **sensata.**	vernünftig
diventare un uomo **energico.**	tatkräftig
diventare un uomo **coraggioso.**	mutig
diventare un uomo **ardimentoso.**	kühn, wagemutig
Sogna di **rischiare** la sua vita per Maria.	riskieren, aufs Spiel setzen
Sogna di **impressionare** Maria con i suoi	beeindrucken
regali **generosi.**	großzügig
atti **eroici.**	heldenhaft
Questo cambiamento **sorprende** i suoi amici.	überrascht
Questo cambiamento **spaventa** un po' i suoi amici.	erschreckt
Questo cambiamento lascia i suoi amici	
sorpresi.	überrascht
stupiti.	erstaunt
confusi.	verwirrt
sconcertati.	verblüfft
esterrefatti.	fassungslos, erschlagen
senza parole.	sprachlos
Giovanni vuole **conquistare** Maria con	erobern, gewinnen
una strategia **astuta.**	listig, einfallsreich
azioni **fuori del comune.**	außergewöhnlich
Ma invece di / anziché **comportarsi bene**	sich gut benehmen
Ma invece di / anziché essere **cortese** con lei,	höflich
commette molti **errori.**	begeht Fehler
fa una serie di **sciocchezze.**	Dummheiten

Con i suoi gesti **maldestri**	ungeschickt
ingenui	naiv
infantili	kindisch
la **infastidisce** tanto	belästigt
da diventare	
antipatico.	unsympathisch
da risultarle	
insopportabile.	unerträglich

Il rifiuto di Maria **rende** Giovanni **triste**.	macht traurig, bereitet Kummer
affligge Giovanni.	betrübt

Lui la **accusa**	beschuldigt
rimprovera	wirft vor
le **rinfaccia** di essere	hält vor
crudele.	grausam
ingrata.	undankbar
egoista.	egoistisch, selbstsüchtig
una **traditrice**.	Verräterin
di aver **tradito** la sua	verraten
amicizia.	Freundschaft
lealtà.	Treue

Quando Maria lo rifiuta, va a trovare un **saggio** filosofo.	weise
famoso	berühmt

Mentre discute con il filosofo, Giovanni diventa **nervoso**.	nervös
si fa **inquieto**.	unruhig
si innervosisce.	wird nervös
inizia ad **agitarsi**.	sich beunruhigen

Torna a casa completamente **indifferente**	gleichgültig
e muore di una morte **misteriosa**.	geheimnisvoll
in **circostanze** misteriose.	Umstände

8.5 Prospettiva e tecnica narrativa

Il testo è scritto dal **punto di vista** di un personaggio secondario.	Perspektive, Standpunkt
nella **prospettiva**	(Erzähl-)Perspektive
in forma (di) retrospettiva.	als Rückblick

Narra	erzählt
Presenta i fatti	erzählt, stellt vor
Racconta le vicende	erzählt
gli **avvenimenti**	Ereignisse
in ordine cronologico.	chronologisch

Il **narratore** / La **narratrice**	parla	**in terza persona.**	in der dritten Person
		in prima persona.	in der ersten Person

Erzähler – Il **narratore**; Erzählerin – La **narratrice**

L'autore / L'autrice	**utilizza** questa tecnica	per **stimolare la curiosità** del pubblico.	wendet an, benutzt; die Neugier wecken
		perché il lettore **si identifichi** con il narratore.	sich identifiziert

L'**io narrante** parla	delle proprie esperienze.	Ich-Erzähler
	dei propri **ricordi**.	Erinnerungen

Il narratore	**interno coincide** con una figura della storia.	intern; fällt zusammen
	esterno non prende parte alla storia narrata.	extern

Nei *Promessi Sposi* c'è un narratore esterno **onnisciente**. — allwissend, auktorial

Nel secondo capitolo c'è un **cambiamento di prospettiva**. — Perspektivwechsel

Il narratore	**riassume** gli avvenimenti.	fasst zusammen
	si mostra	zeigt sich
	imparziale.	unparteiisch
	di parte.	parteiisch
	(non) **interviene** direttamente.	greift ein

Per	**presentare**				darstellen
	riferire				berichten
	riportare	le parole / i pensieri	dei personaggi, utilizza		wiedergeben
				il **discorso** **diretto.**	direkte Rede
				il **discorso** **indiretto.**	indirekte Rede
				il **discorso** **indiretto libero.**	erlebte Rede
				il **monologo interiore.**	innerer Monolog

8.6 La trama

La **trama** si può riassumere così: … — Handlungsverlauf

L'azione si svolge in tre	**momenti.**	Etappen
	fasi.	Phasen

Il romanzo	**si compone di**	dodici capitoli.	besteht aus
	è (sud)diviso in	due parti.	ist unterteilt in
	è formato da		besteht aus

La trama della commedia **è costituita da**…	besteht aus
… un'**azione principale**…	Haupthandlung
… varie **azioni secondarie**.	Nebenhandlungen
Con tanti personaggi minori, è facile **perdere il filo** della narrazione.	den roten Faden verlieren
All'inizio	am Anfang
il comportamento / l'atteggiamento di X **oscilla tra** il cinismo e la disperazione.	schwankt zwischen
varia	ändert sich
in base alla situazione.	je nach
a seconda dell'interlocutore.	je nach
Nel corso della commedia / della storia	im Laufe
si sviluppa un conflitto tra i personaggi.	entwickelt sich
si mescolano elementi tragici e comici.	mischen sich
Nella relazione tra X e Y **si verificano**	ereignen sich
avvengono	geschehen, passieren
cambiamenti **inattesi**.	unerwartet
profonde trasformazioni.	tiefgreifend
L'azione **raggiunge**	erreicht
il **momento culminante**	Höhepunkt
il **culmine** nell'ultima scena.	Klimax, Höhepunkt
il **climax** nel quarto capitolo.	Klimax, Höhepunkt
il **momento cruciale** nell'ultimo atto.	Wendepunkt
subisce un cambiamento **improvviso**	erfährt; plötzlich
Alla fine	am Ende
Pinocchio **matura**.	wird reifer
diventa un eroe.	wird zu
si trasforma in un bambino vero.	wird zu
Nel finale	am Ende
Nell'ultima scena la **tensione**	Spannung
aumenta.	steigt, nimmt zu
diminuisce.	lässt nach, nimmt ab
si risolvono tutti i conflitti.	lösen sich
si chiariscono tutti i misteri.	lösen sich
tutte le domande che **riguardano** XY.	betreffen
Diversi conflitti **rimangono** / restano **aperti**.	bleiben offen
irrisolti.	ungelöst

L'azione	**si conclude** / **termina** / **finisce**	con una catastrofe. / tragicamente.	endet / endet / endet
	ha un **finale** aperto.		Ende
	ha una **conclusione**	**allegra**. / **triste**. / **sorprendente**.	Lösung, Schluss / glücklich / traurig / überraschend

8.7 Descrizioni

L'autore fa una **descrizione**			Beschreibung
	dettagliata	del protagonista.	ausführlich
	generale	della situazione.	allgemein
	toccante	dell'epoca.	bewegend
	realistica	del paesaggio.	realistisch
	satirica	del contesto culturale.	satirisch

Nelle	**didascalie**	descrive			Regieanweisungen
	indicazioni sceniche		**dettagliatamente**	lo scenario.	Bühnenanweisungen
			a grandi linee		in groben Zügen

La descrizione **crea un clima**		schafft eine Atmosphäre
	misterioso.	geheimnisvoll
	teso.	gespannt
	di **tensione**.	Spannung
	di **attesa**.	Erwartung

L'**atmosfera** è				Atmosphäre
	piena	di		voll
	carica		**passione**.	geladen; Leidenschaft
			violenza.	Gewalt

8.8 La rappresentazione di un'opera teatrale

Il **regista mette in scena** un'opera teatrale. — Regisseur; inszeniert

L'**attore**				Schauspieler
L'**attrice**				Schauspielerin
	recita	il **ruolo**	del protagonista.	spielt; Rolle
	prova	la **parte**	di Nina.	probt; Rolle

Il **sipario** **si alza.**	der Vorhang hebt sich
si apre.	geht auf
si abbassa.	senkt sich
si chiude.	geht zu
La prima attrice **impersona** Giulietta.	verkörpert
dà vita alla figura di	füllt … mit Leben
Gli **spettatori** stanno in piedi durante	Zuschauer
Il pubblico sta lo **spettacolo.**	Vorstellung
la **rappresentazione.**	Aufführung
Nel secondo atto **entrano in scena** le **comparse.**	treten auf; Statisten
c'è un **a parte.**	zur Seite Gesprochenes
cambia la **scenografia.**	Bühnenbild
lo **scenario.**	Bühnenbild
la sala si trasforma in **palcoscenico.**	Bühne(nraum)
La **messa in scena** è stata eccellente.	Inszenierung
La rappresentazione un **successo** per	Erfolg
la **compagnia (teatrale).**	Schauspieltruppe
il **drammaturgo.**	Dramatiker

9 Commentare poesie e canzoni

9.1 Classificazione

Commenteremo	un **verso**	di		Vers
	una **strofa**			Strophe
		una **poesia**.		Gedicht
		un **poema**.		Gedicht
		una **lirica**.		Gedicht
		una **ballata**.		Ballade
		un **sonetto**.		Sonett
		una **canzone**.		Lied, Kanzone
		una **canzone**	**di protesta**.	Protestsong
		un **canto**	**di successo**.	Schlager
			popolare.	Volkslied
			tradizionale.	Volkslied

9.2 Il poeta e l'io lirico

Il **poeta**			Dichter
La **poetessa**			Dichterin
	ha **composto** una lirica		verfasst, gedichtet
		dedicata a…	gewidmet

L'io lirico	si rivolge a una figura femminile.		das lyrische Ich
	parla **con sé stesso**.		mit sich selbst
	esprime	**i propri sentimenti.**	drückt seine eigenen Gefühle aus
		il suo **stato d'animo**.	Gemütszustand
	si esprime	**in una maniera insolita.**	auf ungewöhnliche Art

Nel **componimento** parlano due **voci**: l'io lirico e l'amante. — Werk; Stimmen

Nella poesia	**si riflettono**	i sentimenti	del popolo.	spiegeln sich wider
	si manifestano	le idee	dell'epoca.	werden deutlich

Questo canto	è un **riflesso** della	situazione sociale	di quegli anni.	Spiegelbild
	rispecchia la	mentalità	di quel secolo.	spiegelt wider

9.3 La struttura

La lirica	**è formata da**	ventiquattro versi.	besteht aus
	è composta da	cinque strofe.	besteht aus
	si può dividere in	tre parti.	kann unterteilt werden in

Nella canzone possiamo **individuare**		erkennen
	un **ritornello** e quattro strofe.	Refrain

Il sonetto è composto da due **quartine** e due **terzine**.	Quartette; Terzette

La poesia ha una **struttura**		Struktur
	semplice.	schlicht, einfach
	complessa.	komplex
	(a)simmetrica.	(a)symmetrisch
	ripetitiva.	sich wiederholend
	ciclica.	zyklisch
	dialogica.	dialogisch

La struttura della lirica **è basata su**		basiert (auf)
	l'**analogia**.	Analogie
	(i)l **contrasto**.	Gegensatz
	(i)l **parallelismo**.	Parallelismus
	(l)la **ripetizione**.	Wiederholung

Il componimento **contiene** vari elementi **narrativi**.	enthält; erzählerisch
Il poeta passa **dal generale al particolare**.	vom Allgemeinen zum Besonderen
La seconda terzina del sonetto contiene una **sintesi**.	Synthese, Zusammenfassung

Negli ultimi due versi il **cantautore**			Liedermacher
	riassume	tutta la canzone.	fasst zusammen
	sintetizza	tutta la canzone.	fasst zusammen
	ripete l'idea iniziale.		wiederholt

9.4 Il linguaggio, il ritmo e la sonorità

Il poeta utilizza un **linguaggio**		Sprache
	melodico.	melodisch
	monotono.	monoton
	ritmato.	rhythmisiert
	comprensibile a tutti.	allen verständlich
	difficile.	schwierig
	oscuro.	unklar
	ricercato.	gewählt
	elegante.	gewählt, elegant
	arcaico.	veraltet
	classicheggiante.	die Klassiker nachahmend
	vario.	abwechslungsreich
	ricco di variazioni.	abwechslungsreich

Il **metro**				Versmaß
Il **ritmo**				Rhythmus
L'uso delle vocali	**è costante** in tutto il componimento.			ist gleichbleibend
	si modifica			ändert sich
	cambia			variiert
		secondo	i temi trattati.	nach
		d'accordo con	il contenuto.	im Einklang mit

Il ritmo	è	**variabile.**	wechselhaft, variabel
Il metro		abbastanza / molto **regolare.**	regelmäßig
		irregolare.	unregelmäßig
		libero.	frei

I versi di questa	canzone	sono	**endecasillabi.**	Endecasillabo, Elfsilber, elfsilbiger Vers
	strofa		**settenari.**	Settenario, siebensilbiger Vers
		hanno sette **sillabe.**		Silben

Si tratta di un verso	**tronco.**	endbetont
	piano.	auf der vorletzten Silbe betont

Il poeta	utilizza	parole	**sdrucciole.**	auf der drittletzten Silbe betont
	si serve di		**bisdrucciole.**	auf der viertletzten Silbe betont

Queste parole	**rimano.**	reimen sich
Questi versi	**fanno rima** (tra loro).	reimen sich

La parola *amore* **fa rima con** *fiore*.	reimt sich auf

I versi **formano**	bilden
La strofa presenta una **rima** **baciata.**	Paarreim
alternata.	Kreuzreim, Wechselreim
incrociata.	Umarmender Reim
Nella *Divina Commedia* la rima è **incatenata.**	Kettenreim, Terzinenreim
Lo **schema metrico** è ABBA.	Reimschema
Il verso **colpisce** il lettore per la sua	beeindruckt
musicalità.	Musikalität
sonorità.	Klangfülle
In questo verso **predominano**	herrschen vor
le **vocali**	Vokale
chiare.	hell
scure.	dunkel
le **consonanti**	Konsonanten
sorde.	stimmlos
sonore.	stimmhaft

Im Italienischen sind alle Buchstaben (it. **le lettere**) feminin: So sagt man **la lettera**, **la vocale**, **la consonante**, sowie **la A**, **la B**, **la C** usw.

I versi **sono caratterizzati da**	sind gekennzeichnet durch
(l)la **rima assonante.**	Vokalreim
(l)l'**assonanza.**	Assonanz, Gleichklang von Vokalen
In „*m'illumino d'immenso*" c'è un'**allitterazione** della *m*.	Alliteration
Queste **ripetizioni** servono a	Wiederholungen
conferire forza alla strofa.	Kraft verleihen
dare rilievo al verso.	Nachdruck verleihen
mettere in risalto il passaggio.	hervorheben
La ripetizione / La **variazione** dei **suoni** è la base del linguaggio poetico.	Laute / Abwechslung
Per **cogliere** / **apprezzare**	erfassen / schätzen
la **bellezza** di un poema occorre recitarlo / leggerlo a voce alta. / **ad alta voce.**	Schönheit / laut, mit lauter Stimme
Anche per questo, alcuni poeti **recitano** / **declamano** le proprie opere per il pubblico.	rezitieren / deklamieren, tragen vor

10 | Analizzare il linguaggio di un testo

10.1 Modi di scrivere

Nel testo che abbiamo letto, l'autore usa un **registro**		Sprachstil, Sprachebene
	(in)formale.	(in)formell
	colto.	gehoben, gebildet
	letterario.	literarisch
	familiare.	familiär, umgangssprachlich
	popolare.	umgangssprachlich
	colloquiale.	umgangssprachlich

Il **linguaggio** di un testo, letterario e non, può essere		Sprache
	vivo.	lebendig
	suggestivo.	eindrucksvoll, suggestiv
	poetico.	poetisch, dichterisch
	simbolico.	symbolisch
	ironico.	ironisch
	stereotipato.	stereotyp

	emotivo		gefühlsbetont
Il tono	**appassionato**	dei romanzi rosa non piace a tutti i lettori.	leidenschaftlich
	affettato		gekünstelt

Lo **stile** dei politici è spesso		Stil
	esortativo.	auffordernd
	pesante.	schwerfällig
	impreciso.	ungenau
	volutamente fumoso.	absichtlich unklar
	retorico.	rhetorisch
	pomposo.	hochtrabend, feierlich
	declamatorio.	gestelzt

Nei testi scientifici **si usa** di solito un linguaggio		verwendet man
	tecnico.	Fach(sprache)
	semplice.	schlicht
	chiaro.	klar
	complicato.	kompliziert
	preciso.	genau, präzis
	asciutto.	trocken
	sintetico.	synthetisch, knapp
	oggettivo.	objektiv, sachlich

L'autrice	**sceglie**			wählt
Il politico	**impiega**			verwendet
Il commentatore	**utilizza**	frasi		verwendet
	usa	**espressioni**	lunghe.	Ausdrücke
			allusive.	zweideutig
			contorte.	verschnörkelt, verschlungen
			enfatiche.	(zu) emphatisch
			frammentarie.	fragmentarisch
			incomplete.	unvollständig

L'autore	**fa uso di**	espressioni quotidiane.	macht Gebrauch von
La cronista	**si serve di**	frasi volgari.	verwendet
Lo scrittore	**ricorre a**	alcuni **stereotipi.**	bedient sich; Stereotypen
	si esprime attraverso	varie **figure retoriche.**	drückt sich aus durch; Stilfiguren
		frequenti **luoghi comuni.**	Gemeinplätze

10.2 Figure retoriche

Il poeta **si avvale di**		benutzt
	una **comparazione.**	Vergleich
	un'**immagine.**	Bild
	una **metafora.**	Metapher
	una **metonimia.**	Metonymie
	un **eufemismo.**	Euphemismus
	un'**iperbole.**	Hyperbel
	una **perifrasi.**	Periphrase
	una **litote.**	Litotes

La scrittrice utilizza	diversi **simboli.**	Symbole
	una **domanda retorica.**	rhetorische Frage
	un'**enumerazione.**	Aufzählung
	un **ossimoro.**	Oxymoron
	un'**antitesi.**	Antithese
	numerosi **pleonasmi.**	Pleonasmen

Le immagini **evocate** nel testo sono		heraufbeschwörten
	convenzionali.	konventionell
	tradizionali.	herkömmlich
	insolite.	ungewöhnlich
	inconsuete.	ungewöhnlich
	sorprendenti.	überraschend

L'autore usa vari mezzi retorici per	**accentuare**	(l)le proprie idee.	betonen
	dare enfasi a	(l)la propria tesi.	Nachdruck verleihen
	enfatizzare	(l)la sua teoria.	betonen
	mettere in rilievo	(l)la situazione.	hervorheben
	sottolineare		unterstreichen
	illustrare		veranschaulichen

La scrittrice	**allude a**l passato.	spielt auf … an
	confronta il passato con il presente.	vergleicht

Le **frequenti**			häufig
Le **ripetute**	**esclamazioni**		wiederholt; Ausrufe
	interruzioni		Unterbrechungen
		fanno pensare a forti emozioni.	lassen denken an
		riflettono lo stato d'animo di chi scrive.	spiegeln wider

Si tratta di	un **proverbio**.	Sprichwort
	un **modo di dire**.	Redewendung
	un **gioco di parole**.	Wortspiel
	una **frase fatta**.	Redewendung

11 Determinare l'intenzione dell'autore

L'autore impiega vari mezzi per	**suscitare**	l'interesse	del lettore.	(er)wecken
	destare	la curiosità	dei lettori.	(er)wecken
	stimolare		del pubblico.	anregen

L'autore	**descrive**	(l)la situazione economica.	beschreibt
	spiega	(l)la politica attuale.	erklärt
	illustra	(l)le cause dell'ingiustizia.	veranschaulicht
	espone la propria opinione su		legt dar
	richiama l'attenzione del lettore su		macht aufmerksam

Nel suo libro	cerca di	**convincere** il lettore	delle proprie idee.	überzeugen
	prova a		che le sue idee sono giuste.	versucht
	(non) **riesce a**			schafft es

L'intenzione dell'autore	**risulta**	**chiaro**	wird klar
	è	**evidente**	offensichtlich

Punta a	un dibattito libero da pregiudizi.		strebt nach
È favorevole a	una posizione moderata.		ist für
È a favore di	ogni critica costruttiva.		ist für
Appoggia			unterstützt
Difende	(l)l'idea	della libertà di opinione.	verteidigt
Sostiene	il principio		vertritt

In questo **brano**			(Text)Auszug
	afferma	di voler ristabilire la verità.	behauptet
	sostiene	che la legge è uguale per tutti.	behauptet
	nega	che la legge sia uguale per tutti.	leugnet
	punta a ristabilire la verità.		zielt ab auf

Nel suo testo	**fa appello a**	(i)l lettore perché lotti contro l'ingiustizia.	appelliert an
	rivolge un appello a	i potenti del mondo.	richtet einen Appell an
	esorta (i cittadini) a combattere la corruzione.		fordert auf, (er)mahnt

In tutti i suoi **scritti**			Schriften, Schriftstücke
	solidarizza con	gli emarginati.	solidarisiert sich
	si fa portavoce di	i bambini.	macht sich zum (Für)Sprecher

Attacca	il terrorismo.	greift an
Condanna	il fatto che si impongano opinioni politiche con la violenza.	verurteilt
Critica	la nuova legge sull'immigrazione.	kritisiert
Rifiuta	ogni violazione dei diritti umani.	lehnt ab

L'unico **scopo**				Ziel, Absicht
L'unica intenzione	dell'autore è	**divertire**	il pubblico.	unterhalten, zerstreuen
Il solo obiettivo		**intrattenere**		unterhalten, zerstreuen
		informare		informieren

12 | Fare un riassunto

12.1 Riassumere una discussione in classe

Ieri abbiamo	**parlato** **discusso**	dei rapporti tra l'Italia e l'Europa.	gesprochen diskutiert

Per quanto riguarda **Con riferimento a**	(l)le fonti,	possiamo si può			was … angeht bezüglich
			affermare dire	che… **quanto segue**: …	behaupten Folgendes

In	**primo**	**luogo**	**riflettono** soprattutto l'opinione dell'autore.		erstens; spiegeln wider
	secondo		danno informazioni **contraddittorie** sul tema.		zweitens; widersprüchlich
	terzo		contengono molti **dettagli**		drittens; Details
				superflui.	überflüssig
				irrilevanti.	unerheblich
				inventati.	erfunden

In poche parole	si può	dire	che…	kurz / zusammenfassend (gesagt)
Riassumendo	possiamo	affermare		zusammenfassend (gesagt)
In breve				kurz (gesagt)
Insomma,				also, schließlich

12.2 Scrivere il riassunto di un testo

Si tratta di un testo **intitolato** "…", ed **estratto da** una rivista.	betitelt; entnommen aus

Il testo	**si intitola** "…".		trägt den Titel
	è stato scritto da XY.		wurde (von XY) geschrieben
	è stato estratto da un romanzo di fantascienza.		wurde entnommen aus
	parla di	l'inquinamento nel Mediterraneo.	spricht von
	si occupa di	i giovani italiani e delle loro abitudini.	beschäftigt sich mit
	tratta il tema di		behandelt

In questo testo, l'autore	**tocca** il tema del(la)…	schneidet an
	difende la tesi secondo la quale…	verteidigt die These
	espone le idee di XY.	legt dar
	discute il problema del(la)…	bespricht

Si possono individuare un'**introduzione**,…	Einleitung
… una **parte centrale** e una **conclusione**.	Hauptteil; Schluss

Inizia	analizzando		beginnt
Comincia	esponendo		beginnt, fängt an
All'inizio	presenta	la situazione.	zu Beginn
Dapprima	spiega	il problema.	zuerst
Anzitutto	chiarisce		zunächst
Prima di tutto	analizza		zuallererst

Prosegue	dando				fährt fort
Continua	fornendo				setzt fort
Poi					dann
In seguito					später
Successivamente	dà		confermano		danach, nachher
Più avanti	fornisce	esempi	**rafforzano**	le sue idee.	weiter unten; stärken
	apporta	che	**consolidano**		bringt ein; festigen
	aggiunge		**appoggiano**		fügt hinzu; stützen

Conclude spiegando			zuletzt
Alla fine		le conseguenze di questi fatti.	am Ende
Infine	spiega	la tesi di un suo articolo precedente.	schließlich
	modifica	alcuni luoghi comuni su questo tema.	(ab-, ver)ändert
	rettifica		berichtigt, stellt richtig

Il testo	**si conclude**	**con** un breve aneddoto.	endet mit
	termina	con la ripetizione della frase iniziale.	endet

Siehe auch: **Analizzare un articolo**, S. 30 und **Determinare l'intenzione dell'autore**, S. 50.

13 | Descrivere immagini

13.1 Classificazione

Si tratta di	una **figura**	famosa.	Figur, Bild
Qui si può ammirare	un'**immagine**	**in bianco e nero**.	Bild; schwarz-weiß
Stiamo osservando	un'**illustrazione**	**a colori**.	Illustration; farbig, bunt
	un **disegno** di Leonardo.		Zeichnung
	un **quadro** di Raffaello.		Gemälde
	un **dipinto** di Botticelli.		Gemälde
	un **affresco** di Michelangelo.		Fresko
	una **riproduzione** di un antico dipinto.		Nachbildung
	un **manifesto** pubblicitario.		Plakat
	la **copertina** di una rivista.		Einband, Deckel
	una **foto(grafia)**	del papa.	Foto
	una **caricatura**		Karikatur
	un **fumetto** di Hugo Pratt.		Comic
	una **vignetta** di Jacovitti.		Karikatur, Comicbild
	la **piantina** di una casa.		Grundriss
	una **mappa** (della metro) di Milano.		(Stadt-, U-Bahn-)Plan
	una **cartina** della regione di Cagliari.		Karte
	un **arazzo**	antico.	Wandteppich
		di grandi dimensioni.	großformatig

Nella **didascalia** c'è scritto che è un dipinto di Giorgione. — Bildunterschrift

13.2 Lo spazio dell'immagine

In primo piano			im Vordergrund
In secondo piano			im Hintergrund
Sullo sfondo			ganz im Hintergrund
In alto			oben
In basso			unten
Al centro (dell'immagine)			in der Mitte
Nel mezzo (del disegno)			in der Mitte
Nella parte **superiore** del quadro			im oberen Teil
inferiore della foto			(im) unteren (Teil)
A **destra**			rechts
Sulla	ci sono		auf der rechten Seite
In fondo a **sinistra**	si vedono		hinten links
All'estrema	si notano		ganz links
	si scorgono	varie persone.	man erblickt
	si intravedono	edifici enormi.	man erahnt

Accanto a	(l)la casa	c'è	un bosco.	neben
Al lato di	(i)l prato	**si può distinguere**		neben; man kann erkennen
Davanti a		si vede		vor
Di fronte a		si osserva		gegenüber
Dietro (a)				hinter
A sinistra di				links von
(Tutt') Intorno a				um … herum

Sopra il bosco, il cielo è pieno di nuvole.	über
Su tutta la scena splende il sole.	über

Sopra il	tavolo ci sono			auf
Sul				auf
		oggetti di	piccole dimensioni.	Gegenstände
			varie dimensioni.	unterschiedliche Größe
			dimensioni ridotte.	geringe Größe

	sotto (a)		unter
I bambini giocano	**in mezzo a**	gli alberi.	zwischen
	tra		zwischen

Nell'angolo **in basso a destra** si può leggere la firma del pittore.	rechts unten
In alto a sinistra c'è una macchia scura.	links oben

Gli elementi	**da sinistra a destra**		sono: …	von links nach rechts
Le persone	**in senso**	**orario**		im Uhrzeigersinn
		antiorario		gegen den Uhrzeiger[sinn]

Il terzo da	**sinistra**	è…	der Dritte von links
	destra		rechts

13.3 Personaggi

	due **gruppi di persone.**	Personengruppen
Nella foto ci sono	varie **figure** umane.	Figuren
	i **profili** di diverse persone.	Umrisse

Tra le persone	**si distinguono**	due ragazzini.	erkennt man
Nel gruppo	**emergono**	tre figure.	ragen heraus

La donna al centro **è circondata da** un gruppo di ragazzi.	ist umgeben von

Ha	un **aspetto**	gradevole.	Aussehen
	un'**aria**	rassicurante.	Aussehen

Ha una **faccia**				Miene, Gesicht
Ha un'**espressione**				Miene
L'**espressione** del suo	**volto**	è		Ausdruck; Gesicht
	viso			Gesicht
			disperata.	verzweifelt
			allegra.	fröhlich
			triste.	traurig
			tranquilla.	ruhig
			inquieta.	unruhig
			arrabbiata.	böse, zornig
			poco rassicurante.	wenig Vertrauen erweckend

Il suo	**atteggiamento**	è	**minaccioso**.	Haltung; drohend
			gentile.	freundlich, nett
			(s)garbato.	(un)höflich
			stanco.	müde
	sguardo	**rivela**	insicurezza.	Blick; verrät
		indica		deutet auf … hin

Il suo nervosismo	è **evidente**.	offensichtlich
	salta agli occhi.	springt ins Auge

13.4 Luoghi

La foto	**mostra**		zeigt
	raffigura		stellt dar
Nella foto si vede		un **edificio** di Roma.	Gebäude
		una **strada** molto trafficata.	Straße
		una **piazza** piena di turisti.	Platz
		la **Fontana** di Trevi.	Brunnen
		il **Duomo** di Milano.	Dom
		il **castello** di Fénis.	Schloss
		un **particolare** di un monumento celebre.	Detail
		un **paese** medievale nel cuore dell'Umbria.	Dorf
		un **paesaggio** tipico toscano.	Landschaft
		un piccolo **porto** sulla costa amalfitana.	Hafen
		una **spiaggia** deserta.	Strand
		la **scena** di un film.	Szene

13.5 Commentare un'immagine

La scena è È una scena	**caratteristica** **tipica**	**di**	questo pittore. quest'epoca.	charakteristisch für typisch

Questo quadro	**esprime** **rappresenta** **riflette**	come il pittore vede la realtà. la visione del mondo dell'artista.	drückt aus stellt dar spiegelt wider

Da quest'opera **emerge** Quest'immagine **rivela**	un forte legame con Picasso. **che** l'artista sta attraversando una crisi.	wird deutlich verrät, dass

Quest'**istantanea**			Momentaufnahme
	riproduce un momento è un'**espressione viva**	della vita nel villaggio.	stellt dar lebendiger Ausdruck
	è diventata il **simbolo** di un'epoca.		Symbol
	simbolizza la disperazione degli anni di piombo.		symbolisiert

13.6 Analizzare un fumetto

La	**serie** **sequenza**	**di vignette**	**forma** una storia.	Bilderfolge Serie, Folge; bildet

Anche **senza leggere**			ohne zu lesen
	le **nuvolette**, i **fumetti**,		Sprechblasen Sprechblasen
Solo guardando i disegni,		già si capisce la storia.	schon beim Anschauen

Nella	prima seconda terza	**vignetta**	ci sono tre personaggi. **si può vedere che** piove. **vediamo come** reagiscono le persone.	(Einzel)Bild kann man sehen, dass sehen wir wie

13.7 Descrivere piantine e mappe

Il villaggio	**è situato**						liegt
Il monte	**si trova**						befindet sich
Il fiume		**nel nord**			del	continente.	im Norden
		nel sud				paese.	im Süden
		nell'est					im Osten
		nell'ovest					im Westen
		nella	**parte**	**settentrionale**	della	regione.	im nördlichen Teil
		nella	**zona**	**meridionale**		provincia.	im südlichen Gebiet
				orientale			östlich
				occidentale			westlich
		al centro					im Zentrum, in der Mitte
		nell'interno					im (Landes-)Inneren

La cittadina	è situata	**a nord**	della capitale.	nördlich (von)
	si trova	**a sud**	del fiume.	südlich
		ad est	della costa.	östlich
		ad ovest	delle montagne.	westlich
		vicino alla frontiera.		nah an
		lontano dal confine.		fern von
		al confine con la Francia.		an der Grenze zu
		nei dintorni della foresta.		in der Nähe von
		tra Trento e Bolzano.		zwischen
		sulla costa.		an der Küste

Tra Napoli **e** Caserta **ci sono** 35 km **(di distanza)**. — sind … voneinander entfernt

Caserta **si trova a** 35 km **(di distanza) da Napoli.** — ist … von … entfernt

14 | Lavorare con mezzi audiovisivi

14.1 Classificazione

Si tratta di un **esercizio di comprensione orale**.	Hörverstehensübung
Si tratta di una **registrazione** di una canzone.	Aufnahme
È la scena di una **pubblicità**.	Werbung
È la scena di uno **spot** (pubblicitario).	(Werbe-)Spot
Adesso ascolteremo un brano da questo **CD**.	CD
Adesso vedremo una **sequenza**	Sequenz
alcune **scene**	Szenen
il **finale**	Schluss, Ende
un **frammento** di un film.	Ausschnitt
un **lungometraggio**.	Spielfilm
un **cortometraggio**.	Kurzfilm
una **pellicola** celebre.	Film
un **episodio** di una **serie (TV)**.	Folge; (Fernseh-)Serie
un **documentario** sulla vita dei giovani.	Dokumentarfilm
le **notizie** del 18 di maggio.	Nachrichten
un'**intervista** a un importante sociologo.	Interview
un **video** di una cantante famosa.	Video
I **titoli di coda** di un film contengono molte più informazioni dei **titoli di testa**.	Abspann Vorspann
Ora leggeremo insieme una parte del **copione**.	Drehbuch
Si tratta di un film **sottotitolato**.	untertitelt
con sottotitoli.	mit Untertiteln
in lingua originale.	in Originalfassung
doppiato.	synchronisiert
Molti film perdono qualità con il **doppiaggio**.	Synchronisation

14.2 Istruzioni

Prendete appunti.		Machen Sie sich Notizen.
Annotate(vi)	le informazioni principali.	notieren Sie (sich)
	le **parole chiave** del dialogo.	Schlüsselwörter
	i **punti salienti** del filmato.	wesentliche Punkte
Osservate		achten Sie auf
	l'**accento** / la **pronuncia** / i **gesti** / la **mimica** di questa persona.	Akzent / Aussprache / Gesten / Mimik
	l'**ambientazione** / la **scena iniziale** / i **passaggi chiave** di questo film.	(Bühnen-)Ausstattung / Anfangsszene / Schlüsselszenen
Fate attenzione a / Prestate attenzione a	ciò che dice la ragazza.	achten Sie auf
	(i)l **comportamento** del padre.	Verhalten, Benehmen
	(l)le **reazioni** del pubblico.	Reaktionen

14.3 Analizzare un film

Il **soggetto** del film		Stoff, Thema
	è tratto da un romanzo.	beruht auf
XY **interpreta**	**il ruolo principale.**	spielt die Hauptrolle
	il / la **protagonista.**	Protagonist(in)
	un **ruolo secondario.**	Nebenrolle
	un personaggio secondario.	Nebenfigur
	una **figura marginale.**	Randfigur
Nella prima **ripresa** si vede un bambino che gioca per la strada.		Aufnahme
Il film **è stato girato** a	Cagliari.	wurde gedreht
La scena **si svolge** in una strada di	Cagliari.	spielt

La **macchina da presa**	Filmkamera
La telecamera **si avvicina.**	nähert sich
si allontana.	entfernt sich
non si sposta.	bewegt sich nicht
inquadra il protagonista.	nimmt ins Bild
riprende il protagonista.	nimmt auf
segue il protagonista.	folgt
mette a fuoco un dettaglio.	fokussiert
fa un **movimento circolare.**	kreisförmige Bewegung
Il film **si apre con**	beginnt mit
una vista **a volo d'uccello** del Lido di Venezia.	aus der Vogelperspektive
Paolo è inquadrato / Vediamo Andrea **dal basso (verso l'alto).**	von unten (nach oben)
da sotto in su.	aus der Froschperspektive
dall'alto.	von oben
Per questo **sembra** più alto dei suoi compagni.	scheint (zu sein)
Perciò **appare** più basso degli altri.	scheint (zu sein)
Vediamo la scena **nella prospettiva** del protagonista.	aus der Perspektive
dal punto di vista del protagonista.	aus der Sicht
Il **regista** gioca con	Regisseur
differenti **inquadrature.**	Einstellungen
le **angolazioni** di ripresa.	Kamerawinkel
i **piani** di ripresa.	Einstellungsgrößen
Il **campo totale** mostra tutto lo scenario.	Totale
Il **piano americano** comprende il corpo fino alle ginocchia.	amerikanische Einstellung
Nel **primo piano** sono inquadrati il volto e il collo del personaggio.	Porträt
Con il **primissimo piano** si inquadra solo una parte del volto.	Großaufnahme
si ottiene un enorme **impatto visivo.**	man erzielt; visuelle Wirkung
La **soggettiva** corrisponde al punto di vista di un personaggio.	Subjektive
Il **controcampo** mostra la direzione opposta all'inquadratura precedente.	Gegenschuss
La **luce**	Beleuchtung
ed il **suono**	Ton
creano **effetti sorprendenti.**	überraschende Effekte
La luce **mette in risalto** il protagonista.	hebt hervor
dirige il nostro sguardo **verso** il protagonista.	lenkt … auf

La **colonna sonora**				Tonspur, Filmmusik
La musica	crea	un'**atmosfera misteriosa.**		geheimnisvolle Atmosphäre
		una certa **tensione.**		Spannung
	sottolinea			unterstreicht, betont
	esprime	lo **stato d'animo**	del protagonista.	Gemütszustand
		le **emozioni**	dei personaggi.	Emotionen, Gefühle

La **sceneggiatura**	è ben fatta.	Drehbuch
	non è **verosimile.**	wahrscheinlich
	è **poco credibile.**	kaum glaubwürdig

Al minuto 46 si inserisce	un **flashback.**	Rückblende
	un'**anticipazione.**	Vorwegnahme

La **scenografia**			Szenerie
	è **curata**	in ogni dettaglio.	gestaltet
		nei minimi particolari.	in allen Einzelheiten

I **costumi** riproducono l'ambiente dell'epoca. — Kostüme

14.4 Analizzare un dialogo

Si tratta di	un	**dialogo**	tra		Dialog
		dibattito	fra		Debatte
	una **discussione**				Diskussion
Alla **conversazione**				tre persone.	Unterhaltung, Gespräch
	partecipano				nehmen teil
	prendono parte				nehmen teil

L'uomo parla **(troppo) piano.**	(zu) leise
La donna **(non) si capisce bene.**	hört man (nicht) gut
Per favore, potrebbe **alzare** il volume?	lauter stellen

La giornalista **intervista** il sindaco di Bologna.	interviewt
Il sindaco **rilascia un'intervista** alla giornalista.	gibt ein Interview

L'**attore**	parla	con decisione.	Schauspieler
L'**attrice**		lentamente.	Schauspielerin
		chiaramente.	deutlich
		in fretta.	schnell
		a voce bassa.	mit leiser Stimme, leise
		quasi **tra sé e sé.**	mit sich selbst
	(non) **scandisce bene le parole.**		spricht die Worte deutlich aus
	ha un	**forte accento** romano.	ausgeprägten Akzent
		difetto di pronuncia.	Aussprachefehler

Lo / La **speaker**	Sprecher(in)
Il **presentatore**	Moderator, Ansager
La **presentatrice**	Moderatorin, Ansagerin
si rivolge a	wendet sich an
i **radioascoltatori**.	Hörer(innen)
i **telespettatori**.	Fernsehzuschauer(innen)
(i)l **pubblico**.	Zuhörerschaft
rivolge molte domande al suo **interlocutore**.	Gesprächspartner

Il **tema** della conversazione è / un film appena uscito nelle sale.	Thema
La conversazione **riguarda** / (l)la politica estera dell'Unione Europea.	betrifft
Il dialogo **ruota intorno a**	dreht sich um

Le due ragazze **parlano** delle loro ultime vacanze.	sprechen (von)
chiacchierano	plaudern, schwatzen

Il bambino **chiede** alla bambina quanti anni ha.	fragt
domanda / se vuole giocare con lui.	fragt

La donna **si informa su**lla salute di suo padre.	informiert sich über

Il medico **risponde** che l'operazione è andata bene.	antwortet
afferma che non deve preoccuparsi.	behauptet
conferma di aver fatto tutto il possibile.	bestätigt
consiglia di proseguire la terapia.	rät
ammette che ci sono state complicazioni.	gibt zu
riconosce di aver avuto difficoltà.	bekennt, gibt zu
nega i propri **errori**.	Fehler
che ci siano state complicazioni.	leugnet
le **accuse** dei colleghi.	Beschuldigungen

I due uomini hanno **opinioni** **divergenti**.	abweichende Meinungen
opposte.	gegensätzliche
si innervosiscono.	werden nervös
hanno un **acceso**	hitzig
vivace **scambio di opinioni**.	Meinungsaustausch
discutono animatamente.	diskutieren
vivacemente.	lebhaft, angeregt
cominciano ad **arrabbiarsi**.	sich ärgern
iniziano a **litigare**.	streiten
ripetono sempre le stesse cose.	wiederholen
si accusano **a vicenda**.	gegenseitig
si insultano	beleidigen, beschimpfen sich

Sopraggiunge una terza persona.	erscheint, kommt hinzu
Interviene	schaltet sich ein

I due **litiganti**	Streitenden
contendenti	Gegner

poco a poco		allmählich
	si calmano.	beruhigen sich
tornano lentamente **alla tranquillità.**		beruhigen sich
cercano	un **compromesso.**	Kompromiss
giungono a		kommen zu
fanno la pace.		versöhnen sich

14.5 L'aspetto fisico, la mimica e i gesti di una persona

Molti danno eccessiva importanza all'**aspetto fisico** di un'attrice.	Aussehen
La ragazza è una persona **dall'aspetto simpatico.**	die sympathisch wirkt

Il ragazzo **ha un**	**brutto aspetto.**		sieht schlecht aus
	aspetto	**curato.**	gepflegt
		trascurato.	nachlässig
		trasandato.	ungepflegt, schlampig
		giovanile.	jugendlich
		sportivo.	sportlich
		elegante.	elegant

La protagonista ha i capelli	**chiari.**	hell
	scuri.	dunkel
	castani.	braun
	rossi.	rot
	brizzolati.	grau meliert
	bianchi.	weiß
	lisci.	glatt
	mossi.	gewellt
	ricci.	lockig

L'eroe	ha	i capelli	**corti.**	kurz
	porta		**lunghi.**	lang
			sciolti.	offen, gelöst
			raccolti.	geflochten
			legati.	hochgesteckt

Il nonno della ragazza **è**	**calvo.**	hat eine Glatze
	spettinato.	zerzaust

Il bandito	ha	la **barba.**	Bart
	porta	i **baffi.**	Schnurrbart
		il **pizzetto.**	Kinnbart

La donna porta / indossa molti **gioielli**.	Schmuck
un grande **cappello**.	Hut
gli **occhiali (da sole)**.	(Sonnen-)Brille
è **truccata**.	geschminkt
ha un trucco leggero.	ist leicht geschminkt
pesante.	stark
Sul volto del personaggio **si riflettono** le sue emozioni.	spiegeln sich wider
Attraverso la sua **mimica** comprendiamo le sue emozioni.	durch; Mimik
L'attore / L'attrice **annuisce**.	nickt
scuote la testa.	schüttelt den Kopf
ride spesso.	lacht
sorride.	lächelt
sogghigna.	grinst
corruga la fronte.	runzelt die Stirn
solleva un **sopracciglio**.	Augenbraue
aggrotta le sopracciglia.	runzelt
alza le sopracciglia.	zieht hoch
si passa una mano nei capelli.	fährt sich durch die Haare
si gratta il naso.	kratzt sich
si accarezza il mento.	streicht sich über
scrolla le spalle.	zuckt mit den Schultern
ha un'**espressione**	Gesichtsausdruck
molto **gentile**.	freundlich
severa.	streng
I suoi **gesti** esprimono nervosismo.	Gestik, Gebärden
sono molto **espressivi**.	ausdrucksvoll
confermano ciò che dice. / le sue parole.	bestätigen
contraddicono ciò che dice. / le sue parole.	widersprechen
Sottolinea ciò che vuol dire **parlando con le mani**.	indem … mit den Händen spricht
gesticolando.	indem … gestikuliert
La **posizione del** suo **corpo** rivela ciò che prova.	Körperhaltung
La sua **maniera di camminare** rivela le sue emozioni.	Gang
Il suo **portamento** rivela ciò che pensa.	Haltung
comportamento rivela i suoi pensieri.	Verhalten
modo di presentarsi	Auftreten

15 Scrivere una lettera

15.1 Lettere private

Livorno, 8 settembre 2011	**data** Datum
	formula d'apertura Eingangsformel
Caro Emanuele,	lieber
Cara zia Maria,	liebe
Carissimi Paolo e Francesca,	liebe
quanto tempo è passato dall'ultima volta che ci siamo visti! Come state? Spero vada tutto bene! Qui è tutto a posto, anche se ho molto da fare perché la scuola sta per ricominciare. In questi giorni penso spesso a voi, e spero di vedervi presto di persona.	
	formula di saluto Grußformel
Un (grosso) abbraccio,	sei(d) umarmt
Cari saluti,	liebe Grüße
Saluti affettuosi,	herzlichste Grüße
Con (tanto) affetto,	herzlich(st)
Un bacione,	dicken Kuss
Simona	

15.2 Cercare un amico di penna

Rivista *Ragazzi Oggi* via F. Venuti, 41 I-86170 Campobasso	**indirizzo** del **destinatario** Adresse Empfänger
Berlino, 18 luglio 2011	
Gentile Redazione,	sehr geehrte Redaktion
Vi prego di **pubblicare** il seguente **annuncio** nella	veröffentlichen; Anzeige
rubrica di **inserzioni** private del Vostro giornale:	Rubrik; Inserate
"Ciao a tutti!	
Sono una ragazza tedesca di 17 anni, vivo a Berlino e **studio**	lerne
italiano al **liceo**. La lingua e la cultura italiane mi piacciono	Gymnasium
molto, e per **migliorare** le mie conoscenze vorrei **entrare in contatto** con ragazze o ragazzi italiani della mia età. I miei	verbessern; in Kontakt treten
hobby sono la danza, il nuoto e la chitarra.	Hobbys
Se volete contattarmi, il giornale ha il mio **recapito**.	Anschrift
A presto, spero!"	bis bald
Ringraziando per l'attenzione,	danke für Ihre Aufmerksamkeit
Katharina Müller	

15.3 Lettera al direttore

Mitt.:
Karlheinz Schulte
Schillerstr. 51
52062 Aachen

mittente Absender

Dott. Attilio Bianchi
Direttore della rivista *Utopie*
Corso Italia, 32
I-10121 Torino

dottor(e) Doktor
Direktor, Chefredakteur

Aachen, 2 luglio 2011

Stimato dott. Bianchi,
Egregio Direttore,

sehr geehrter
sehr geehrter

con la presente desidero porgerLe i miei più vivi complimenti per l'**editoriale** dello scorso venerdì 24 giugno sulla situazione politica europea. Si tratta di un'analisi eccellente, che ho letto con grande interesse.

hiermit
Leitartikel

In riferimento al tema dell'editoriale, vorrei inoltre **cogliere l'occasione** per comunicarLe alcune mie brevi considerazioni personali, che spero possano contribuire ad aprire un dibattito tra i lettori.
(…)

in Bezug auf
die Gelegenheit nutzen

Cordialmente,
Karlheinz Schulte

herzlich

15.4 Prenotare una vacanza

Matthias Fischer
Leibnizstr. 47
04109 Leipzig

spettabile (eine in Geschäftsbriefen übliche Formel, die im Deutschen keine Entsprechung hat)

Spett.le Direzione del
Villaggio vacanze *Miramare*
C.P. 423
I-70131 Bari

casella postale Postfach

Düsseldorf, 8 marzo 2011

Gentile Direzione,

sehr geehrte Damen und Herren

vorrei prenotare un appartamento per quattro persone nella Vostra struttura dall'1 al 21 agosto **p.v.**, possibilmente al piano terreno e con accesso diretto alla spiaggia, dal momento che ho due bambini piccoli.

prossimo venturo nächst, kommend

In attesa di una Vostra gentile risposta,
invio **cordiali saluti**.
Matthias Fischer

in Erwartung Ihres Antwortschreibens; freundliche Grüße

15.5 Fare un ordine

Carolin Vollmer
Augustenstr. 24
70178 Stuttgart

Libreria *Parole di carta*	
p.za Sforzini, 18	**piazza** Platz
I-40123 Bologna	
Stoccarda, 15 luglio 2011	
Gentili Signori/e,	sehr geehrte Damen und Herren
Vi prego di inviarmi **in contrassegno** il seguente libro: Umberto Eco, *Come si scrive una tesi di laurea*, ed. Bompiani, 2001.	per Nachnahme
RingraziandoVi in anticipo, porgo cordiali saluti.	ich bedanke mich im Voraus
Ringraziando **fin da adesso**, saluto cordialmente.	schon jetzt
Carolin Vollmer	

15.6 Richiedere informazioni

Julia Meier
Humboldtstr. 12
44999 Dortmund
JuliM@xnet.com

Scuola *Lingua Viva*	
v.le Mazzini, 12	**viale** Allee
I-61029 Urbino	
Dortmund, 14 aprile 2011	
Oggetto: Corso estivo di italiano	Betreff
Gentili Signori/e,	
Sono una **studentessa** tedesca di 15 anni e studio italiano da un anno. La mia **insegnante** di italiano mi ha dato informazioni sui corsi da Voi offerti. Mi piacerebbe **iscrivermi ad** un corso di italiano a Perugia, nel luglio dell'anno prossimo. Potreste inviarmi del **materiale informativo**?	Schülerin, Studentin Lehrer(in), Dozent(in) mich anmelden für Informationsmaterial
Secondo le informazioni ricevute dalla mia **professoressa**, il Vostro istituto non **si occupa** solo **de**ll'organizzazione del corso, ma anche dell'**alloggio** per i partecipanti. Sarebbe possibile vivere in casa di una famiglia con una figlia della mia età?	Lehrer(in), Professor(in) kümmert sich um Unterkunft
Gradirei molto **ricevere** presto **Vostre notizie**.	von Ihnen zu hören
Distinti saluti, Julia Meier	mit freundlichen Grüßen

15.7 Presentare un reclamo

Dieter Schmid
Karlstr. 32
80331 München
Schmid@xred.com

Libreria Botticelli
v. XX Settembre, 56
85100 Potenza (Italia)

Monaco, 7 ottobre 2011

Gentili Signori,

Vi scrivo **in merito** ad un acquisto effettuato **presso** la Vostra libreria. Il 3 giugno **u.s.** ho comprato *Le Cosmicomiche* di Italo Calvino (edizioni Mondadori), **al prezzo di** 14 euro.

Successivamente, nel controllare l'**estratto conto** della mia **carta di credito**, ho notato con mia grande sorpresa che il costo del libro mi è stato **addebitato** due volte.

Spero sia possibile risolvere il problema **quanto prima**, e Vi prego di voler versare l'**importo** di 14 euro sul mio **conto bancario**.
Vi invio **in allegato** copia della **ricevuta**.

Un cordiale saluto,
Dieter Schmid

via	Straße
	bezüglich; bei
ultimo scorso	letzten, vergangenen; zum Preis von
	Kontoauszug
	Kreditkarte
	abgebucht
	so bald wie möglich
	Betrag; Bankkonto
	anbei; Quittung
	mit herzlichem Gruß

15.8 Presentarsi per un posto da ragazza alla pari

Martina Overrath
Kernerstr. 12
47001 Duisburg
Overr@xnetz.com

Fam. Carlini	**famiglia**	Familie
C.so Garibaldi, 304	**corso**	Allee, Hauptstraße
19123 La Spezia		

Duisburg, 21 aprile 2011

Domanda per un posto da au pair	Anfrage
Gentile Famiglia Carlini,	
ho letto tra le **inserzioni** della rivista *Ruhrruf* che state cercando una **ragazza alla pari** per i Vostri figli, e per questo Vi scrivo.	Inserate Au-Pair-Mädchen
Sono una ragazza tedesca di 18 anni. Negli ultimi sette mesi **mi sono presa cura di** due bambine di 5 e 6 anni, due volte a settimana (Vi invio in allegato la **lettera di referenze** della famiglia presso la quale ho lavorato). Inoltre sono abituata ad aiutare in tutti i **lavori domestici**.	habe aufgepasst auf Referenzschreiben Hausarbeiten
Sto frequentando l'ultimo anno di liceo, e tra le mie **materie preferite** c'è l'italiano, che studio da tre anni. A giugno terminerò gli studi, **dopodiché** mi piacerebbe trascorrere un anno in Italia, per conoscere **da dentro** questo Paese così affascinante.	besuche gerade Lieblingsfächer danach, darauf von innen
Non conosco ancora La Spezia, ma sono stata diverse volte a Portovenere, dove i miei genitori hanno una casa per le vacanze.	
Per quanto riguarda il periodo concreto del mio **soggiorno** in Italia, potrei **occuparmi de**i Vostri bambini a partire dal 15 di agosto.	was … angeht; Aufenthalt mich kümmern um
Se desiderate **ulteriori** informazioni, **non esitate** a contattarmi!	weitere; zögern Sie nicht

In attesa di una Vostra gradita risposta,
Vi saluta
Martina Overrath

16 Esprimersi bene e risolvere i problemi di comunicazione

Siehe auch: **Esprimere opinioni**, S. 10 und **Definizioni**, S. 15.

16.1 Indicare un problema di comprensione

Scusa(mi),				entschuldige (mich)
(Mi) Scusi,				entschuldigen Sie (mich)
Chiedo scusa,	questo non l'ho capito.			ich bitte um Verzeihung
	non **conosco**	questa	parola.	kenne
			espressione.	Ausdruck
		questo	**vocabolo**.	Vokabel
			termine.	Fachausdruck
	puoi	**ripetere**?		wiederholen
	può	parlare	**a voce più alta**?	lauter
			più lentamente?	langsamer
		fare lo spelling di questa parola?		buchstabieren
	non capisco bene.			verstehe nicht ganz

Può scrivere la frase alla **lavagna**?	Tafel
Può **spiegar**lo ancora una volta?	erklären
Può spiegare **un'altra volta**	noch einmal
di nuovo	wieder, erneut
nuovamente questo **concetto**?	Begriff

Non capisco se l'autore usa questa parola	**in senso letterale.**	im wörtlichen Sinn
	in senso figurato.	im übertragenen Sinn

Probabilmente si tratta di un	**modo di dire**	che non conosco.	Redewendung
	proverbio		Sprichwort

16.2 Farsi capire

Non so se	**riesco**	**a spiegarmi.**		drücke mich klar aus
		ad **esprimermi.**		mich ausdrücken
	mi sono	**spiegato/a**	bene.	habe mich ausgedrückt
		espresso/a	**chiaramente.**	klar (genug)
	mi sono fatto/a capire.			habe mich verständlich gemacht

Mi sono spiegato/a?	war ich klar genug?
Mi spiego (meglio): …	ich will sagen

Provo a spiegarmi **con un esempio**.	anhand eines Beispiels
Ciò che | **voglio** **intendo** | **dire è** che la penso come te.	was ich meine, ist (was ich sagen) will
Se ho ben capito, …	wenn ich es recht verstehe
Forse c'è stato un | **equivoco**. Deve esserci stato un | **malinteso**.	Missverständnis Missverständnis
A scanso di equivoci | ripeto ancora una volta che… **Per evitare malintesi** | vorrei ricordare che…	um Missverständnisse zu vermeiden um Missverständnisse zu vermeiden
Probabilmente | **ci siamo fraintesi**. **non ci siamo capiti**.	haben wir uns missverstanden haben wir uns nicht verstanden
Lo dico | seriamente. Sto parlando | **sul serio**.	ich meine es im Ernst
L'hai presa (troppo) sul serio, io stavo solo scherzando.	hast es (zu) ernst genommen
No, non **sono** | **a favore di** **contrario/a a** | questa decisione.	bin für gegen
Non **mi riferisco a**lla prima, ma alla seconda parte.	beziehe mich auf

16.3 Chiedere informazioni

È giusta **Va bene** | questa frase?	ist korrekt
Perché | questa frase **è sbagliata**? non si può **dire così**? questa parola **si scrive con l'accento**?	ist falsch so ausdrücken trägt einen Akzent
Chissà si scrive con l'accento o con l'**apostrofo**?	Apostroph
Su „qui" e su „qua" **non ci vuole l'accento**.	schreibt man ohne Akzent
Come | **si pronuncia** **si scrive** | questa parola? **si dice** *fröhlich* in italiano?	wird ausgesprochen wird geschrieben sagt man
Cosa **significa** *semaforo*?	bedeutet
Da che verbo **viene** la forma *fosse*?	stammt

Cosa intende l'autore nel primo paragrafo?	worauf will … hinaus
È vero che … ?	stimmt (es), dass

16.4 Precisare un'idea

Questo	mi sembra mi pare	**un po' strano.** **poco convincente.**		etwas merkwürdig wenig überzeugend
Questa posizione è	**, in un certo senso,** **, in certa misura,** **, in parte,** **comprensibile**, però …	corretta.		in einem gewissen Sinn bis zu einem gewissen Grad teilweise verständlich
Questa tesi **non mi convince del tutto**.				überzeugt mich nicht ganz
L'argomento **in questione**,	**francamente,** **ad essere sinceri,** **detto per inciso,**	non è molto solido.		fraglich, betreffend offen gesagt ehrlich gesagt nebenbei gesagt
È	**possibile** **probabile**	che l'autore si sbagli.		möglich wahrscheinlich

16.5 Sottolineare un'idea

Sì, **sono d'accordo** con	ciò che dici. **ciò che hai detto.** **le tue parole.**					bin einverstanden deiner Aussage deiner Aussage
Ritengo Mi sembra	**importante**	**chiarire** **ribadire**	che	**condivido** **rifiuto**	queste idee. questa tesi.	es ist mir wichtig klären betonen, unterstreichen teile lehne ab
Vorrei	**sottolineare** che ci sono ancora molte domande aperte.					unterstreichen
	mettere in chiaro **precisare** **puntualizzare**	gli aspetti fondamentali del problema. alcune affermazioni. la mia **posizione**. il mio **punto di vista**.				klarmachen präzisieren präzisieren, auf den Punkt bringen Standpunkt, Einstellung Standpunkt

Secondo me, l'autore **ha perfettamente ragione.**		hat vollkommen recht
Questo aspetto **non va** / **non deve essere**	**dimenticato.**	darf man nicht vergessen
	sottovalutato.	darf nicht unterschätzt werden
	trascurato.	vernachlässigt
	esagerato.	übertrieben
Il fatto è che non riesco a identificarmi con il protagonista.		Tatsache ist, dass

A

A

R

S